JN123586

三河の菓子文化

須川妙子

風媒社

三河の菓子文化

もくじ

はじめに

菓子文化は、地理的要因と歴史的要因の2つが重なりあうことがその発展を促し支えたとされる(1)。地理的要因とは、地味豊かな農産物に恵まれて、良質な水が入手できる自然環境と、そのうえで近隣地域における交通の中心的存在でもあるということである。自然豊かな村の風情と街場の活気の両者を備えた、すなわち、「適度な田舎(2)」がよいのである。

また、交通の中心であるがゆえに、時の中央の文化も流れ込んでくるという歴史的要因が付随する。公家や武家が中央と地方を行き来する由縁による寺社等の宗教施設や名所旧跡ができ、そこでは茶の湯が嗜まれる。供饌菓子や門前菓子、茶の湯菓子が発展するのは必然であろう。

さらには、菓子の主材料となる甘味料、砂糖や水飴の入手が容易であることは最も重要である。

三河は、これらの要因を兼ね備えた地域なのである。街場の豊橋を中心として、背後には奥三河の山、目前には三河湾、両側には西三河、渥美半島といった耕作地帯が広がる。二川、吉田、岡崎と続く街道を有し、さらには、砂糖を扱った大垣藩(3)を近隣にもつ。

このような環境のもとにある三河は、日本の菓子文化史の要所要所で重要な役割を果たしてきた。日本の菓子の神様とされる菓祖・田道間守や日本に菓子文化の基礎をもたらした饅頭の祖・林浄因との関係(4)、茶道・宗徧流の発祥、菓子行事・嘉祥の発祥(5)、さらには、明治期の菓子税全廃運動や菓子業の近代化への貢献などである。このような菓子文化史の要所、時には菓子税施行のような菓子文化存続の危機において、三河の菓子関係者が果たした功績により、日本の菓子文化は現在まで連綿とつながってきたのである。しかしながら、日本の菓子処、銘菓として三河の名が表立つことは少ない。

菓子文化発展の要因は、現代の三河の状況とも一致する。むしろ、際立っている。自然豊かな地域は守られつつも、交通の要所としての機能は、日本はおろか、世界にもつながってきた。さらには、和菓子工芸の存続機構として三河は地域的には自立的でもあり(6)、金沢や松江などのように京菓子文化が伝播した日本有数の菓子処とは異なる菓子文化を形成している。三河という地は、昔も今も、日本の菓子文化の主役なのである。そのことを、三河の人たちに知ってもらい誇りに思って欲しい。そして、日本の菓子文化の継承と発展を牽引してくれるだろうとの願いを込めて、本書にまとめた。

第1章では、日本の菓子文化史の概略を示しながら、文化史上の要所における三河のかかわり方を確認する。第2章では、三河の風俗風習における菓子を取り上げ、地域文化としての菓子を探る。第3章では、日本の菓子文化史上、最大の危機であったといえる菓子税施行期の三河の菓子商の貢献と菓子業の近代化への導きを、第4章では、現代の三河の菓子文化の多様性について、さらに第5章では、菓子文化を牽引する三河の菓子商の意識についての分析結果を記した。

〔注〕

（1）林淳一　1983「京菓子」調理科学講演会記録Vol.16　No.1

（2）前出、林　1983

(3)「海路」編集委員会　2006『海路』第3号　p24　海鳥社

(4)松崎寛雄　1982『饅頭博物誌(日本の食文化体系　第十八巻)』東京書房社、川島栄子　2006『まんじゅう屋繁盛記』岩波書店など

(5)青木直己　2000『図説和菓子の今昔』淡交社など

(6)宮川　1998「和菓子工芸の存続機構―接遇の地域と地域の計画―」『比較社会文化』5　p75―101

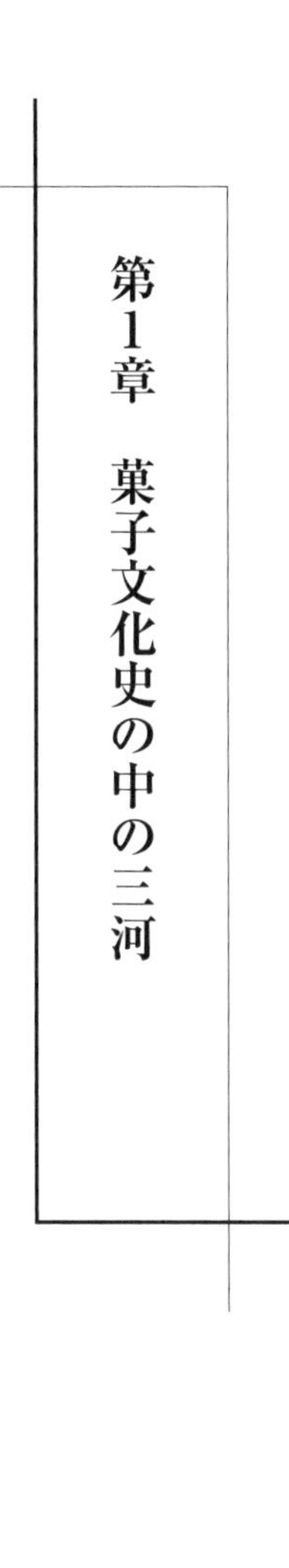

第1章　菓子文化史の中の三河

日本の菓子文化史は、多くの優れた文献[1]に記されているので、ここでは詳細は記さないが、その概要は次のようなものである。

菓子の原初は樹液や干果物とされる。神話の域ではあるが、古代の帝はその甘みを常のものとすべく、使者を大陸へ派遣したという。人工的な菓子の伝来は唐菓子が端とされるが生活に根づくことはなく、古い形を伝える神饌[2]に残るだけである。現在の日本の菓子、いわゆる和菓子へと直接つながるのは、禅宗とともに伝来した点心であり、羊羹、饅頭の類が禅寺から市井へと広がっていく。時を同じくする飲茶（いんちゃ）の風習が茶の湯へと発展するに伴い、茶の湯の菓子としての展開をみる。カステラや金平糖、ボーロなどの南蛮菓子の伝来が菓子の概念を広げ、材料や調理法の多様化が菓子の色彩や造形に強く影響していく。近代以降には、西洋菓子も取り入れられ、工業的な量産量販体制も確立されていく。こうした過程を経てきた日本の菓子文化史であるが、歴史上に登場したどの菓子もが姿を消すことなく、共存しているのが現在の日本の菓子文化である。茶の湯や儀礼と関連した上菓子と日常の駄菓子、南蛮菓子以前までの材料と製法でつくられる和菓子とそれ以降の洋菓子、様々な要素を取り込んだ何菓子とは言い難い折衷菓子に至るまで、さまざまな菓子が混在、共存しているのである。

このような日本の菓子文化史に、三河という地および三河の菓子商や職人はどうかかわってきたのか。菓子文化史上において、重視すべき史実は、日本人の菓子への欲求から生まれた「菓祖」伝承、和菓子の実質的な手本となった饅頭の伝来、茶の湯文化との融合による菓子に対する美意識の発生、そして、近代化を迎えての菓子の西洋化とその生産流通の大転換であろう。また、それらと並行して、日本人の菓子への思いは、祭や行事と結びついて伝承されてきた。こういった要所要所における三河とのかかわりをみていきたい。

1 菓祖・田道間守を祀る三河

菓子文化史上、「菓祖」とされる人物がいる。田道間守（たじまのもり）である。その存在や功績は神話の域を出ない(3)(4)が、日本人の甘味や菓子への欲求の深さを物語る一説として菓子文化史では取り上げられ、日本各地に田道間守を祭った神社(5)がある。

豊橋市の羽田八幡宮内にある中嶋神社はそのひとつであり、また、渥美半島の巴江神社（田原市田原）は、田道間守の末裔とされる三宅、児島を祭神として合祀している[6]。なぜこの地で田道間守が祀られるのか。田原との関係は、注6で示すように、田原藩と三宅氏との関係であることが想像できる。豊橋と田道間守の明確な関係は見いだせないが、鳥居脇の碑には、ここに中嶋神社を祀る由来が記されている。

『昭和二十六年当協会設立を記念して但馬国中嶋神社より菓祖田道間守を歓請し、此処分社を創建して永久豊橋菓子業界の守護神と崇敬す。同三十六年十月主催県一の業者として参画したる名古屋開催の第十五回全国菓子大博覧会の盛事を記念し神殿神域を改修する特志寄進あり　同年六月七日遷宮祭を斎行せり　以上由来を略記して世に伝えんとする

昭和三十六年六月七日　豊橋菓子協会』

ここで押さえておきたいのは、三河の人々の「菓子への思い」である。菓祖との関係の由来や真偽はともあれ、「お菓子の神様」をこの地に祀り続けてきたことに、菓

菓祖中嶋神社

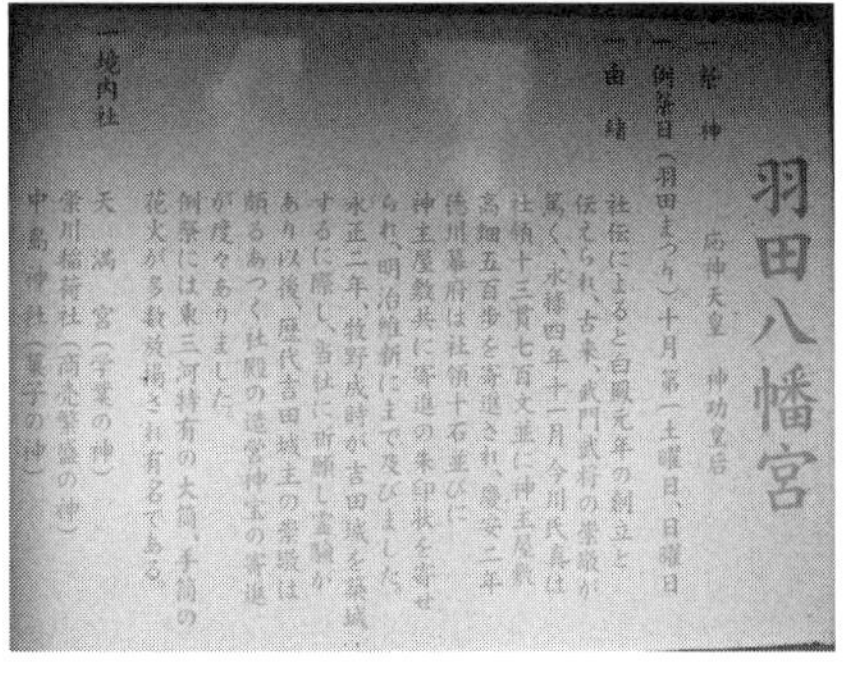
羽田八幡宮
一 祭　神　応神天皇　神功皇后
一 例祭日（羽田まつり）十月第一土曜日、日曜日
一 由　緒
一 境内社
天　満　宮（学業の神）
中島神社（菓子の神）

羽田八幡宮内・中嶋神社

子を生きる糧として、文化として尊んできた心を汲み取りたい。

2　饅頭の祖・林浄因と奥三河

三河は饅頭の祖である「林浄因」との関係が深い。林浄因の末裔、塩瀬家当主の研究(7)からその関係性をまとめると以下のようになる。

塩瀬家の祖・林浄因は、暦応4年（1339）に臨済宗の僧侶龍山徳見の帰国に伴って来日した。徳見の死後は奈良にて饅頭屋を営んでいたが、延文4年（1359年）に妻子を残して帰国している。その後、林家は奈良と京都に別れ、さらに京都は北家と南家となり、北家の方は饅頭屋を営む。応仁の乱の混乱で北家は三河の塩瀬村（現・新城市塩瀬）へ疎開した。この地を選んだのは当時の北家の当主浄印の妻が、塩瀬冨永氏の息女であった縁という。

京都へ帰還後、塩瀬村への感謝から姓を塩瀬に改め、塩瀬姓で代々続いているという。さらに、南家の系統で浄因の7世の孫にあたる林宗二という人物が、長篠の合戦の際に家康陣中に饅頭を献上し、それを「本饅頭・兜饅頭」と命名され現在でも塩瀬総本家にて販売されている。

林浄因末裔の塩瀬資時が築いたとされる塩瀬城は、その城跡や遺構は残らないが、新城市塩瀬字中平の中平バス停近くにある塩瀬城址の碑文は、塩瀬家当主の川島英子氏が書かれた。三河・塩瀬と饅頭の祖との関係は今も続いている。

さらに、「塩瀬」は絹織物の代名詞でもある。それは、京都烏丸三条にあった袱紗屋「塩瀬」がこの絹織物で袱紗を製したことからきている。そして、この京都烏丸三条の町名は現在でも「饅頭屋町」といい、林家の京都・北家が営んだ饅頭屋があった所である。饅頭と袱紗にかかわる「塩瀬」との縁が、三河と茶道・宗徧流との縁（1章4　茶道流派・宗徧流）を引き寄せたことは必然であった。

3　菓子の行事「嘉祥」発祥の地？

6月16日は「和菓子の日」である。全国和菓子協会が昭和54年（1979）に制定したのであるが、その由縁は「嘉祥」という行事にある(8)。「嘉祥」とはどのような行事だったのか。起源は明らかではないが、明治2年に廃止されるまでは公式行事として広く祝われていた。その概要は「菓子を贈り合う」というもので、まさしく「菓子の日」であった。行事の目的も詳らかではないが、時季的に暑気払い、疫病払いが推測される。

この嘉祥の発祥は三河に近接する三方ヶ原であるとの説があり、ここにも三河と菓子文化の関係がみいだせる。諸研究(9)から三河と嘉祥の関係をみていきたい。

「嘉祥」という行事については今なお不明な点が多いが、解明されている点について以下に述べる。

まず、その起源は次の四説ある。

①仁明天皇の時代に豊後の国から白亀が献上された。これを機会に嘉祥と改元され、吉兆を祝う行事として始まった。

②後嵯峨天皇が親王の時代に6月16日に嘉定通宝16枚で食物を買って食べていたところ、天皇即位が決まった。その後も6月16日に祝いを行うようにした。

③足利義政が6月16日に楊弓で賭け事をした際、勝者を嘉定銭16文分の食物でも

てなしたことに始まる。

④三方ヶ原の合戦の際に、家康が羽入八幡にて嘉定通宝16文を拾った。嘉定は吉祥なりと喜んでいたときに、菓子司大久保主水が6種の菓子を陣中に献上した。

これらの起源説には史実と矛盾する点が多々あり、起源説の真偽は十分に解明できていない。嘉祥を実際に行った記録の最古のものは、『御湯殿の上の日記』の記録であり、現存分最古である文明9年（1477）の6月16日に「けふのかつうのものへおいわゐあり。」と見ることができる(10)。

行事の形式であるが、宮中と幕府方では多少様相が異なった。宮中では、前日までに黒米1升6合が公家衆に下賜される。公家衆はその黒米を菓子屋（虎屋、二口屋）にて菓子に変えて宮中へ納める。当日は公家衆が宮中へ参内し、順に菓子を賜った。この菓子は公家衆が納めたものである(11)。幕府方では、大久保主水が調製した菓子6種（饅頭、羊羹、鶉焼、あこや、きんとん、より水）と平麩、熨斗もみを用いた。これらをそれぞれの種類ごとに3もしくは5つずつ片木盆に盛ったものを総計1612膳用意して大広間に並べ、将軍自ら群臣へ順に下賜した。民間においても6月16日に菓子や冷麦を購入して食べたという記録が『増補江戸年中行事』（1803年）『東都歳時記』（1838年）などに見られる。

以上の点を要約すると、嘉祥とは、何らかの吉事を契機に始まった行事で、6月16日に「菓子類が下賜される」という形式であった。また、一説に嘉祥は祇園祭の後祭であったともいう(12)。

三河地方の嘉祥は如何様であったのか。『諸国風俗問状　三河國吉田領(13)』には次のように記載されている。

「十六日かじやうの事くひ物如何様候哉。○答、かじやうといふ事をだに知るもの甚だまれなり、勿論十六日に何事もなし。」

三河地方では嘉祥は一般化していなかったようであるが、幕府嘉定へは諸藩大名が参内し、下賜された菓子を国許へ送ったとの記録もみられる(14)ことから、この地域に嘉祥が皆無であったとは考えられず、行事の普及が上層階級のみで留まっていたと解釈できる。

また、起源説にも挙げられる大久保主水なる人物は、小田原城主大久保忠世の叔父にあたる大久保忠行である。三方が原の合戦後に江戸入国にも追従し、多摩川上水の敷設に尽力したことから主水と授けられた(15)。その後三代まで将軍家に菓子を献上して時服をもらっていた。大久保忠世は三河国額田郡上和田（現　愛知県岡崎市）の大久保氏の支流である大久保忠員の長男でありことから、嘉祥と三河との係わりをここに見ることもできる。

また、のちに大久保主水が家康のために作ったとされる「三河餅」が、門川慶喜『家康、江戸を建てる』を原作とするＮＨＫ正月時代劇（２０１９年）に登場。その時代考証にあたられた青木直己氏の論考が『ＶＥＳＴＡ』第１１６号（２０１９、味の素食の文化センター）に掲載されている。焼塩を使うのが特徴であったという。

4　茶道流派・宗徧流

菓子文化と茶の湯との関係は深い。茶を味わうために美しい菓子が添えられる、よい茶会のために菓子職人は綺麗な菓子を生み出す、茶の湯が盛んな地に銘菓が生まれるのは必然であろう。菓祖を祀り、饅頭の祖が暮らし、菓子の行事を生んだ三河に茶の湯が定着するのはこれも必然である。三河は茶の湯・宗偏流を生んだのである。紆余曲折を経て現在、宗偏流の本拠は三河を離れているが、流派の発端に三河があり、

臨済寺

茶の湯と菓子の発展に貢献したであろうことは記憶しておきたい。そして、宗徧流の祖、山田宗徧の邸宅跡の碑が、吉田城のあった豊橋公園に建てられており、また、氏の墓所は豊橋の臨済寺（豊橋市東田坂上）であることは、本拠が三河から離れても、

山田宗徧邸宅跡

この地との縁をつないでいることの証であろう。

山田宗徧と宗徧流については、矢部良明『山田宗徧「侘び数奇」の利休流（茶人叢書）』（宮帯出版社　２０１４）に詳しい。ここでは、茶道宗徧流不審庵ホームページ（https://sohenryu.com/concept/）を引用し、その紹介としたい。

「山田宗徧は、１６２７年、京都長徳寺に生まれます。京都二本松の東本願寺派長徳寺願寺（京都府京都市上京区菊屋２５５）の第五世で、僧職にあり、仁科周覚（にしなしゅうがく）が本名でした。お茶が好きで、六歳の頃から茶道を学んだと言い伝えられており、十八歳で70歳に近い利休の孫宗旦の門に入り、本格的な茶の修行を始めました。入門して八年後、宗徧は、茶の湯をもって世に立つ決心をしました。生家の長徳寺を去り、母方の姓である「山田」を名乗って、洛西鳴滝の三寶寺に草庵を造営、茶の師匠としての第一歩を踏み出しました。この独立に際して師の宗旦から、利休伝来の四方釜を贈られ、禅の師である大徳寺の翠巌（すいがん）和尚からは、釜にちなんで「四方庵（しほうあん）」という額が与えられました。この時から宗徧は「四方庵宗徧」と名乗り、宗旦を通して学んだ利休侘び数寄の普及を始めたのです。

宗徧が独立したことを知ると、学友であった本願寺の琢如上人は、日蓮宗山内であるにもかかわらず、宗徧を訪ねることにしました。宗旦は「大事の火箸」と南蛮の水壺をもって駆けつけ、水屋で宗徧の世話をし、茶会終了後には手に手を取って喜んだという、茶道史に輝く子弟愛の「四方庵の逸話」が生まれました。

その後、宗徧は宗旦の推挙で、三州吉田（愛知県豊橋）の城主であり、江戸幕府の老中であった小笠原忠知に仕えるために新天地に旅立ちます。

忠知は江戸の茶の湯の華美な傾向に飽きたらず、宗旦の侘び茶に心を寄せ、宗旦を城内に迎えることを懇請しました。しかし八十歳近い高齢だった宗旦は、それを固辞し、代わりに愛弟子の宗徧を推薦したのです。このとき宗旦は宗徧に、利休古来の古渓和尚筆による「不審庵」の額と、玉舟和尚の筆による「不審」の二文字に、偈（げ）を宗旦自らが書いた軸と、自筆の「今日庵」の書を与えました。そして、宗徧に「不審庵」「今日庵」の庵号を両方とも使うことを許したのです。

宗徧は小笠原家の茶頭（さどう）として、小笠原家の四代に渡り、四十三年仕える間に、茶道史上初の、初学者向けテキスト「茶道要録」「茶道便蒙抄」「利休茶道具図絵」を刊行し、誰でも茶の湯を楽しめるようにするという、利休侘び茶のビジョンを実現します。

小笠原家の国替えを機に、宗徧は、娘婿の二世宗引に跡を譲り、70を超えてなお故郷である京の都を目指さず、新興都市江戸に出て、茶道を広げる挑戦をします。

利休四世としての宗徧の「不審庵」を伝えていく山田家の血が絶えないよう、小笠原家は、江戸三十間掘の材木商である岡村宗伯を山田家分家として「時習軒」を立てさせました。今日庵を譲られた鳥居宗逸や岡村など豪商や町民が、おごらず官位も持たず市中に茶を広める宗徧に共鳴し江戸での活動を支えたのでした。

宗徧の名前が世の中に広まるのは、赤穂浪士討ち入りの晩に茶会を催していたことです。同じ宗旦門として、また同じ三河にいた縁で、江戸に出た宗徧は、吉良様の邸の近く、本所に住まいを定めました。そして、そこに赤穂浪士の一人、大高源吾が身分を偽って入門し、茶会の日を聞き出し、討ち入りが決行されました。現在でも家元では吉良、浅野両家の菩提を弔う義士茶会が行われています。

宗徧の個性は、都市の洗練、自由の追求、軽やかさ、身体性、鋭さ、挑戦、カジュアル、丁寧、引き算の美、飾らないという点にあります。それが、空間、道具、動き、もてなしの間として伝わり、利休正流とも言われ、三河、江戸、唐津、長岡などで親しまれ、今日に続いています。

二代以降、唐津、大阪と経て、十代で鎌倉を本拠として現代にいたります。墓は浅草願竜寺願寺（東京都台東区西浅草1－2－16）にあり、宗徧の茶室の遺構「淇篆庵」が明願寺（愛知県岡崎市伊賀町西郷中114）にあります。

小笠原家の縁で、唐津近松寺の矢野老師が総長である時代に、京都五山別格大本山南禅寺で献茶が始まり、宗有が不識庵、10代宗徧が窮心亭を寄進し、毎年4月に流祖忌を行っています。また、伊勢皇大神宮でも10月に献茶を行い、松下幸之助翁寄進の茶室で席を持っています。その他、鎌倉鶴岡八幡宮、川崎大師平間寺、靖国神社で家元献茶が行われています。」

5　菓子税全廃運動の立役者・横田善十郎

明治期に菓子に重税が課された時期があった。「菓子税」である。そのあまりの複雑難解かつ重税のために、三河地方で約300の菓子商が廃業したともいわれる[16]当時の菓子商はこの税の廃止のために立ち上がり、施行から約10年のちに全廃へと持ち込んだ。この全廃運動の先頭にたったのが、豊橋にあった横田甘露軒の店主、横田善十郎という人物である。横田善十郎の菓子文化への貢献については、第3章にて詳しく述べるので、ここではその概要を記す。

菓子税は明治18年（1885）7月から明治29年（1896）末までの間に賦課、徴収された。北海道、沖縄、伊豆七島、小笠原諸島を除く全国の菓子営業人が納税者とされた。菓子営業者とは、製造者、卸業者、小売業者を示した。その業務形態ごとに営業規模（雇用人の数）に応じて菓子営業税が賦課された。さらに半年間の売上高30円以上の製造者には売上高の5％も賦課された。当時の菓子業者は製造、卸、小売を兼ねていたものが大半でありその場合は納税額の多いほうの業態に対して課税された。

菓子税導入に際しては菓子業界が混乱し、施行前に大蔵省への質問状が殺到している。たとえば、明治18年（1885）5月に石川県より「菓子屋の範疇」について、神奈川県より「雇人の区別」について、6月に東京府より「菓子の範疇」について、栃木県より「菓子屋の範疇」についてなどである(17)。店舗を構えない露天商、振売りは菓子業者として納税義務があるのか、塩煎餅、食麺麭などや氷砂糖、砂糖漬けなどの売り上げは菓子として課税されるのか、菓子製造や販売に携わらない家事を担う使用人も営業規模の基準になる雇い人として算出すべきなのか、といった内容であった。税制としては不備な点を多く含んだものであったことが伺える。

菓子税施行後には菓子商からその申告の煩雑さ、重税、他業者に比しての不公平を訴える声があがる。菓子税施行直後から各地の菓子商から菓子税の改正要求が出始め、近接地域単位の菓子商会議、全国菓子商営業者会議へと発展する。菓子商の結束した運動が明治29年（1896）末の菓子税全廃へと導いた。

三河およびその近接地域での菓子税改正から全廃運動の中心人物となったのが豊橋の菓子商、横田屋甘露軒の横田善十郎氏であった。明治20年（1887）に愛知県菓子商総代となり明治22年（1889）には全国菓子商営業者会議の菓子税全廃を望む陳情書の捧呈委員に選出され、大蔵大臣への陳情、誓願、元老院への建白といった重役を担っていった。当時の新聞記事にもその活躍が記載されている(18)。

6　菓子生産近代化への貢献

菓子税を全廃へ導いたことで、日本の菓子文化は存続の危機を免れた。そして、近代化の波にのって新たな菓子の創造、生産販売法の確立へとつながっていく。そうした展開においても、三河の貢献は大きい。詳細は第3、4章で述べるので、ここではその概要を記しておく。

日本の菓子文化の中心は長らく京都であったが、明治期以降の近代化により従来の上菓子屋を頂点とする菓子業のしくみもその変革を余儀なくされた(19)。京都の菓子商は上菓子屋の権威を保持しながら、その他の菓子屋との棲み分けによる生き残りの道を選んだ(20)。尾張、三河の菓子商は従来の製造、経営方法（手作業小規模生産、家制度）から近代化（量産量販体制）にいち早く着手し、産業としての成功を納めた(21)。菓子文化史の中で転機となる事象、変化を受け入れ、改革して地域の文化として根づかせてきた歴史を背景に、菓子商の近代化への意識転換の迅速さが功を奏したといえる。菓子博覧会や品評会への積極的な参加、菓子税全廃運動の主導、慰問菓子や軍御用菓子の製造により中央政権とのつながりをもつなど、上菓子屋の流れをくむ京菓子系統の菓子商とは一線を画する動きにより、三河の菓子業は近代産業と化した。その流れが現代にも引き継がれ、コンビニ菓子といった量産量販菓子の業界を主導している。

〔注〕

（1）亀井千歩子　1996『日本の菓子』東京書籍、青木直己　2000『図説　和菓子の今昔』淡交社、赤井達郎　2005『菓子の文化史』河原書店など

（2）春日大社（奈良）、上賀茂神社・下鴨神社（京都）などが代表的な例である。

（3）「古事記」「日本書紀」に伝わるお菓子の神様。生誕地は兵庫県豊岡市とされ、中嶋神社（兵庫県豊岡市三宅）のご祭神として祀られている。『日本書紀』では「田道間守」、『古事記』では「多遅摩毛理」「多遅麻毛理」と表記されている。古代の豪族、三宅連（みやけのむらじ）の祖とされている。（豊岡商工会議所とよおかスイーツギャラリー）

（4）垂仁天皇の頃、天皇は常世の国（中国南部からインド方面）の不老不死の理想郷に行き、〝ときじくのかぐのこのみ〟（非時香具菓、今の橘）を求めに帰化人の田道間守を遣わされた話。

艱難辛苦の9年間中国南部とインドを経た末、ようやく手に入れた木の実を持ち帰ったところ、すでに垂仁天皇は崩御され、嘆き悲しんだ田道間守は垂仁天皇の御陵にもうでて帰国の遅れたお詫びと約束を果たしたことを報告し、持ち帰った橘の半分を墓前に捧げその場を去らず、絶食数日殉死した。（全国菓子工業組合連合会「お菓子なんでも情報館」）

（5）中嶋神社（兵庫県豊岡市三宅1）が菓祖神として「田道間守命」を祀り、全国に七社の分社がある。福岡県太宰府市（菓祖中嶋神社九州分社）、佐賀県伊万里市（中嶋神社佐賀県分社・伊萬里神社）、岐阜県高山市（久和司神社）、愛媛県松山市（中嶋神社四国　分社）、徳島県徳島市（中嶋神社徳島　分社）、京都府京都市（菓祖神社）、愛知県豊橋市（中嶋神社）（豊岡商工会議所とよおかスイーツギャラリー」）

（6）「三宅氏は寛文4年（1664年）、当主康勝の時に三河国挙母（現在の豊田市）から同国田原に1万2千石で入封し、12代208年間に渡って田原を支配しました。三宅氏は南北朝時代の武将・児島高徳（生没年不詳）を自らの先祖であるとしましたが、実際にはよくわかりません。資料によると、三宅氏は15世紀後半に加茂郡高橋荘（現在の豊田市西部）の地頭・中条氏の被官（家来）として初めて登場し、明応2年（1493年）の猿投神社の拝殿の棟札には「大施主三宅筑前守家次」の名があります。これに前後して三宅氏は中条氏から独立し、戦国時代前期には足助から高橋荘の梅坪・伊保・猿投にかけて支配する勢力に成長します。しかし、永禄元年（1558）に徳川家康（当時は松平元康）の攻撃を受け、時の当主・正貞は降伏、家康への臣従を選びました。その子康貞は多くの合戦に従軍して功績を立て、慶長9年（1604）には挙母城で1万石の譜代大名となりました。その後伊勢亀山（現在の三重県亀山市）への転封を経て、田原藩主となっています。」（「田原藩と三宅家の200年田原市博物館に残る古文書等から」田原市博物館、平成25年6月平常展資料）

（7）川島栄子　2006『まんじゅう屋繁盛記』岩波書店

（8）全国和菓子協会ホームページ

（9）須川妙子　1993「宮廷における嘉祥の形式」『生活文化史』No.24　日本生活文化史学会、須川妙子　1994「江戸時代の嘉祥に用いられた菓子―菓子屋の文書からみた江戸時代末期の嘉祥―」『生活文化史』No.26　日本生活文化史学会、須川妙子　1995「江戸時代末期の嘉祥菓子の注文方法―菓子屋の文書からみた江戸時代末期の嘉祥―」『生活文化史』No.27　日本生活文化史学会、須川妙子　1995「江戸時代末期の嘉祥の規模」（前項「江戸時代末期の嘉祥菓子の江戸時代末期の嘉祥―」に含めて掲載）『生活文化史』No.27　日本生活文化史学会、須川妙子　2002「門跡寺院における江戸時代の嘉祥」『生活文化史』No.41　日本生活文化史学会、青木直己　1994「月見の儀について―近世公家社会における行事と菓子の受容に関する一事例」『和菓子』第1号虎屋文庫、鈴木晋一　1994「嘉定と菓子」『和菓子』第1号虎屋文庫

（10）前出、須川　1993、1994、1995

（11）前出、須川　1993、1994、1995

（12）「嘉定餅　六月嘉祥、世諺問答云、（略）十六日是似諸祭後宴（略）」『国朝佳節録』

(13) この文書については第2章を参照されたい。

(14) 前出、青木　2000、武井協三・青木直己・渡辺憲司　2008「鼎談　日記と食―大名の饗宴資料と下級武士の日記」『国文学解釈と鑑賞別冊－文学に描かれた日本の「食」のすがた』至文堂

(15) 前出、青木　2000

(16) 明治以降愛知県史略年表（産業経済編）

(17) 法規分類大全　第三十八巻　租税門［8］

(18) 詳細は、本書第3章を参照されたい。

(19) 須川妙子　2008「「はな橘」にみる明治期の菓子業界」『愛知大学総合郷土研究所紀要』第53輯　p125―141　愛知大学総合郷土研究所

(20) 須川妙子　2010「「はな橘」にみる明治期の菓子業界―上菓子屋の権威―」『民俗と風俗』第20号　p79―91

(21) 宮川泰夫　1998「和菓子工業の存続機構」『比較社会文化』第5巻　p75―101　九州大学大学院比較社会文化学府紀要

第2章　風俗と菓子

菓子は生活に根づいて地域の食文化の一部となり、地域文化の継承において重要な要因であることは、その地域の風俗風習の中に菓子が欠かせないことから確認できる。三河は祭礼を含む風俗風習に濃い地域性[1]を残す。江戸期の風俗風習を記録した史料や祭礼の中の菓子文化をみる。

1 『諸国風俗問状 三河國吉田領答書』にみる行事と菓子

江戸末期に、幕府の御用学者であった屋代弘賢が、風俗に関する木版刷りの質問「風俗問状」を諸国に送った。それに対する答書が『諸国風俗問状答』である。問状の発送は文化10年（1813）から2、3年の間であったろうと推測されているが、発送の目的や発送先、答書の数などは明らかでない。『古今要覧稿』の資料集めのためではないかといわれている[2]。三河にもその問状が届いたとみえ、その回答書である『諸国風俗問状　三河國吉田領答書』が現存する[3]。

三河國の年中行事や儀礼に関する様式を問う回答には、それぞれの行事や儀式に用いられた食べ物も記されている。行事や儀礼における食の地域性がみえる非常に興味深い史料であるが、餅、菓子に絞って三河の風俗と菓子の関係をみていく。

正月鏡開き、3月ひな祭り、2月彼岸など月毎の祭事があげられているが、回答には「異なる事なし」との表現が多用されており、三河の地が、他の地域と特段に異なる様式をもってはいないとの回答者の認識である。

現在の三河の風俗と照らし合わせてみると、様式の移行や統合とみられる要素などがみうけられる。6月の「まんじゅうくらひ」は祇園祭に今なお引きつがれていることがわかる。しかしながら、当地が発祥にかかわるという説もあると第1章でとりあげた6月の「嘉祥」については、「かじやうといふ事をだに知るもの甚だまれなり、勿論十六日に何事もなし」とされており、現在の生活においても嘉祥を祝う習慣はみられない。その他、3月の「ひな祭の事草の餅を菱にきりたる」は、現在の三河では雛菓子には用いられず、当地の雛菓子としての認識が深い「いがまんじゅう」(4)は記されていない。そして、現在4月に行われている賀茂祭では草餅を菱形に切った菱餅が供えられている。このように、近接する行事へ内容が移行した例、この問状以降に新しい要素が入ってきたという現象がみられる。

その他、5月の「ちまき」と柳馬場の名物とされた「かしわ餅」の関係も興味深い。
以下、このような点についての調査結果を記す。

『問諸国風俗問状　三河國吉田領答書』にみる風俗行事の餅・菓子

※──は餅、菓子の類

正月

十一日　鏡開きの事。

○異なる事なし、しる粉餅を以て親しきもの組子などやうの人々を饗するのみ、醫家は多くは八日を用ふ、藥師佛の緣日なればとぞ、

藏びらきの事

○例のしる粉餅の外異なる事なし。

○十四日　城内神明の祭なり　其さま大凡、天孫降臨などをまねびたるにあらん、（鼻高と赤鬼と）からかひと云事あり、俗にカラカヒノ祭とも云。

～終には札木町（此札木は半分頃より東の方氏子なり。）の西の果なる植田屋七三郎と（此植田は勿論氏子にてはなし。）いふの家に入て暫時休息して、又走りつゝかへるなり、歸りは神輿より先キなる事も後なる事もあり。此赤鬼白引の飴の五分斗りつゝに切たるを持居て、城内の浅敷、又は走廻る道通りなどこゝかしこへなげちらすなり、此飴を神供の如くによろこびて拾ふ事なり、

二月

ひがん團子を供候は通例猶何等の供物候哉又讀経説法など通例猶何等の法會候やらん。

○通例の外さらに異なることなし。

十五日涅槃會の事だんご粟飯など供候歟其外異なる事候哉。

○團子菓子等の外なし、粟飯を供することもなし、但、團子を作るにも蓬を入て外

へは豆粉をつけ、形を（図）などようにして、オシャカ様の鼻くそと稱して喰ふことこもあり、其外に異る事はなし。

三月

三月ひな祭の事草の餅を菱にきりたる又桃の花等通例何ぞ異なる品も候哉菓子は魚鳥の形をらくがむにて作りたる通例猶異なるも候哉草の餅はゝこ草をも用候哉。
○通例の外に異なる事なし、はゝこ草を用る事もなし。

四月

十三、十四日の兩日オンゾといふ事ありて、終れば菓子など出して聊の饗をする事なり、

五月

五日のぼりの事武器の類をかざり候は通例猶外の品も有之哉食品なども定れるやう候やらんよもぎ菖蒲をふく無殊事候歟又製薬の事候哉まじなひ事なども候歟

○通例の外少しも異る事なし、食品は柏餅、ちまきを作りて食ふのみ、製薬の事なし、但、好事のものは製作するもあれども風俗にはあらず。

六月

十六日かじやうの事くひ物如何様候哉。
○答、かじやうといふ事をだに知るもの甚だまれなり、勿論十六日に何事もなし。

土用につきたる行事。
○入の日生蒜を食ひ、又、赤小豆を三五粒にても、又は小豆餅などにても食ふこともあり、

十三日より十五日迄、城内牛頭天王の祭禮なり、まんちうくらひといふもの一人ぬり笠い幣を多くつけて冠り青金襴の陣羽織たちつけを着し、馬上にて領主の淺敷の前に至て馬上にて口上あり。(此口上いとをかし。)云、「ゴメンナリマセウ、拙者頼朝家來、頼朝先へ通ラレマシタ、拙者此所デ晝辨

當ヲ仕ル。」かく云終て警固のもの、（警固は網笠を冠りはでなる浴衣を着たる男十餘人もあるべし。）葉付の青竹に絹布の切にて造りたる大袋を付け、此袋に（此袋四ツも五ツもありて警固四五人も是を持なり。）入たる小麦の饅頭を袋から取て中なる饅頭を取出し少し食ひて、さて又此饅頭を多く抓て領主の淺敷へ打込むなり、此饅頭は身に中るを吉祥とす、領主の前には白木の三方を居へ置くなり、さて段々に家老用人など末々の淺敷まで投終り、又領主の前へ立返りて、口上、「殿様マス〳〵居ナリニ七十五萬石、メデタウゴザル。」かく云終て通行くなり。

七月

盆供

○日々の膳は△十三日夕白粉の團子、△十四日朝白粥、汁（くさぎ、豆、なす、牛蒡、さゝげ、）晝ぼた餅

茶は終始末茶也、水の中へ聊づゝ入れて供ず。

八月

月見の事芋團子をそなふる事通例此外に何ぞ異なる供物食品も候哉又此日まじなひ事候哉植物の類此日を用ふる事候哉。

○通例の外に異ることとなし、多くは團子のみにて芋を供ふる事も稀なり、多くは團子を汁に煮る家多し、又小豆の粉などつくるもあり。

九月

十三日月見の事。

○赤小豆などの粉をつけたる團子を製し、栗里芋豆を皮ながら湯煮にして月にも供へ人も食ふなり、此外に異なる事なし。

十月

亥の子の事

○異なることなし。

十二月

もちつきいつきたる行事候哉。

○餅花をつくるのみ、又しるこ餅鱠など調じて祝ひ此日の手傳人など饗するは通例の仔細なし、

節分豆まきの事

○又厄除とて此夜門口の戸尻にて只一臼餅を搗、小豆の粉などつけて家内食ひ他人にも食わする事也、但此餅は家より外へな出さず、故に食ひに行きたるもの、もし食ひ餘りても紙に包みなどして己が家に持皈ることを禁ず、さて此餅を食ひに行事をナタ借リニ行クと云也、

雑部

（遠江新居又近邊にて）いたゞきの祝ひといふことあり、是は兒の兒の生れたる（嫡庶男女みな同じ。）初の正月（十一日又は日撰をして）をすることなり、先ず十二月餅搗の時に此兒の御鏡といふを取ることなり、（是れは家内めい〳〵の分の中にて、當年よ

り一膳ますのみ也、別に異ることはなし。）さて正月七日頃迄に諸親類より御すはり一膳づゝ、白米か赤小豆を敷て（敷くごはおすはりを戴きする盆などへしくこと也、或は重箱に白米か赤小豆を入れて、其上へ餅を戴るなり。）此小兒の許へ祝ひて贈るなり、親類多きものは數多くもらふこと也、（十一日或は十五六日頃に）此小豆と白米にて粥を煮て彼もらひたる餅をも入れて親類、又近邊の小兒を饗するなり、これをいたゞきの祝ひといふなり。

婚禮の時　三つ目七つ目聟入舅入等何事候哉。

○三つ目には娘の里より餅を贈り、此餅を主として親類を饗するなり、此餅をば（みなこ餅と唱ふ）枡の底にてはやすものといへり、されど必しもしかするにはあらず。

2　祭と菓子

2－1　賀茂祭の菱餅

京都の賀茂大社（賀茂別雷神社（上賀茂神社）・賀茂御祖神社（下鴨神社））は、全国に多くの社領を保有し(5)、それぞれの地に賀茂神社をおいて本社の祭礼を伝承させてきた。しかし、現在の地方における賀茂神社の祭礼では、とくに神饌に関しては本社の形式とは異なっている場合が多い。祭礼が変容していく過程においては、食の地域性や各地での他の祭礼が影響していることが予測される。東三河における祭礼のかたちを記す。

2－1－1　調査および史料

2003年2月より、愛知県豊橋市の賀茂神社へ赴き、宮司田畑忠司氏の協力を得て、祭礼に関する史料の検索を行った。また、2003年4月に行われた葵祭を取材した。

本調査にて入手した史料は、愛知県豊橋市の竹尾家が所有していた『賀茂大明神御供并諸式覚』(安永2年)である。竹尾家は明治期まで賀茂神社の神主を世襲してきた(6)。田畑氏によると文書の原本は現存せず、十数年前に電子複写したものが賀茂神社に保管されているのみである。複写された文書は36丁であるが、綴じられておらず、頁の欠損や順序の狂いが見受けられるため、内容の繋がりを検討して頁を揃え直した。東三河の諸風俗の検証に関しては、『諸国風俗問状　三河國吉田領答書』(文化15年)を史料とした。

また、比較検討に用いた京都・本社での祭礼の変容に関する史料は、上賀茂神社(賀茂別雷神社)所有であり、喜多野(7)が調査分析した『賀茂社年中行事私記』(貞享2年)と『正月・賀茂祭神饌品目』(昭和期・年代の詳細は不明)である。

2―1―2　本社における神饌の変容

喜多野(8)によると、江戸前期と昭和期の神饌の内容には、使用する食品の種類、配膳方法に大きな変化はみられない。しかし、品数については、昭和期は江戸期の59%にとどまっており、同一食品の品数が大幅に減少しているという。

この要因として、諸制度の変更により、食材の調達方法が変化し、また、調整に携わる神職の人数が減少したことが原因としている。

本社の神饌の形式は、平安期に確立されたが、室町期に衰退し、その後、元禄期に復興するも、明治期に大幅に変更され、昭和期に再度復興した(9)。このような非常に複雑な歴史の中にありながら、神饌の変容は品数の減少のみに抑えられ、形式としてはほぼ同一の形で、江戸前期より現在へ伝承されてきていることが明らかになった。

本社においては、祭礼の形式を「伝承する」ことが重要視されていた。この点は地方の賀茂社へも伝わっていたと予測できるが、地方における祭礼の実態に、どの程度反映されていたのかを事項以降で検討する。

2―1―3 『賀茂大明神御供并諸式覚』にみる神饌

『賀茂大明神御供并諸式覚』において、葵祭に関する記載内容は次のとおりである。

一 葵之祭礼酉三ツ宛ハ中ノ酉二ツ宛下ノ酉也

御供神酒肴月並之通外ニ葵の葉ニ者宛かつらき
壱宛相添調進

「御供神酒肴月並之通」との記載から、葵祭に本社のような神饌が用いられていないことがわかる。

この史料でみる限りでは、東三河における葵祭には、本社の神饌の形式は伝承されておらず、名産品を供えるような地域性もみられない。

この史料では、神饌の記載が主であり、祭礼の他の諸式が不明であるが、次項で検討する祭礼全体の形式からみると、葵祭自体は本社と同様に重要な祭礼として行われていたようである。

2―1―4　東三河賀茂神社における現在の葵祭(10)

東三河賀茂神社における現在の葵祭の形式をまとめると以下のようになる。

【爪切神事】例祭前日祭終了後に拝殿内にて行う。まず後取三宝に白紙を敷き、刀を載せて宮司の前へ進む。次に副斎主神殿内に安置されている木製の神馬を奉納すべく起座し神殿へ向かう。次に、神馬出御とともに一同平伏、間もなく副斎主は奉持した神馬を宮司の前の仮案上に据え次座にて平伏。次に宮司は神馬に向かって二拝し神歌を奏す。次に、宮司は二拝、刀の鞘を抜き払い爪を切るまねをする。つくろいを終えると袱紗で覆い、副斎主に渡す。発声とともに入御に着く。この神事斎行中は連続打鼓する。

【大幡神事】例祭当日、徳川家康奉納の大幡を神苑内の二股の老松に掲揚する。大前に奉告の祝詞を奉上し、次に渡御の形式を取り列次を正し、境内社貴船神社に向かい、その拝殿に大幡を揚げ供奉員共に昇殿、次に貴船神社に対し例祭式を行う。終わって供奉員大幡に礼拝、再び行列を正し両社を進発掲揚の位置について掲揚し終わる。玉串を献じて諸員礼拝し退散。

【獅子と藤四郎の行事】例祭終了後競馬との間に行う。まず、獅子頭役、藤四郎役の両役者は社側の清流で清めを終え十数人の世話係に擁せられて本殿床下に至り、秘密裏に着装、打鼓しばらくして神殿先に現われ、祓いを受けると藤四郎は直ちに蹴りたてて殿外に突進、続いて獅子が出発。ひと暴れの後、神前に向かい、三々九度の歯打舞を捧げ、次に暴れながら貴船参道前に行き、ここでも神前に向かって歯打舞を捧げ、ひと暴れの後貴船拝殿に駆け上がってしばらく休憩する。藤四郎も後から貴船神社に駆け上がり、拝殿の階段に腰を下ろし、発声と同時に一走りしてまた元の位置に帰る。これを2回繰り返し、3回目に復路に着く。獅子はこの後に続く。藤四郎を獅子は境内にて互いに相前後して暴れまわる。しばらくして獅子は先に本社拝殿に帰り、藤四郎はその後しばらくして本殿床下に駆け戻る。藤四郎は練りまわる途中、任意に菓子を投げる。

【競馬】例祭における最後の行事。馬12頭は古式の武具に装い各頭ごとに馬方2名が随従する。騎手は烏帽子直垂を着装し、疾走中は五色の布引紙をかざす。まず、大伴神社跡に全馬が集合、警固12名は先導し、列を整えて進発、社頭にいたり祓いを受ける。騎乗神門前にて祓いを受けて駒溜りに着く。打鼓により定められた順番に応じて3回馳走する。

【神饌】蓬入りの菱形の重ね餅を献ずる。

本社との共通点は競馬のみであり、本社とは異なる形であるが、盛大に行われていることがうかがえる。地域的に徳川の影響が色濃く、また、この地域に多く見られる鬼の伝説(11)を取り入れたものになっており、本社よりも地域の人々に密着した形に変容している。

神饌に用いられている菱餅は、長径約13cm・短径約3cmのものと、長径約9cm・短径約2cmのものが白と蓬それぞれ用意され、三十数枚を重ねるという。この菱餅は本社神饌にはなく、『賀茂大明神御供并諸式覚』(安永2年)にも記載されていない。『賀茂大明神御供并諸式覚』(安永2年)以降に葵祭の神饌に取り込まれ、現在に至っていると考えられる。どのような経緯で葵祭の神饌に用いられるようになったのか、次項で検討した。

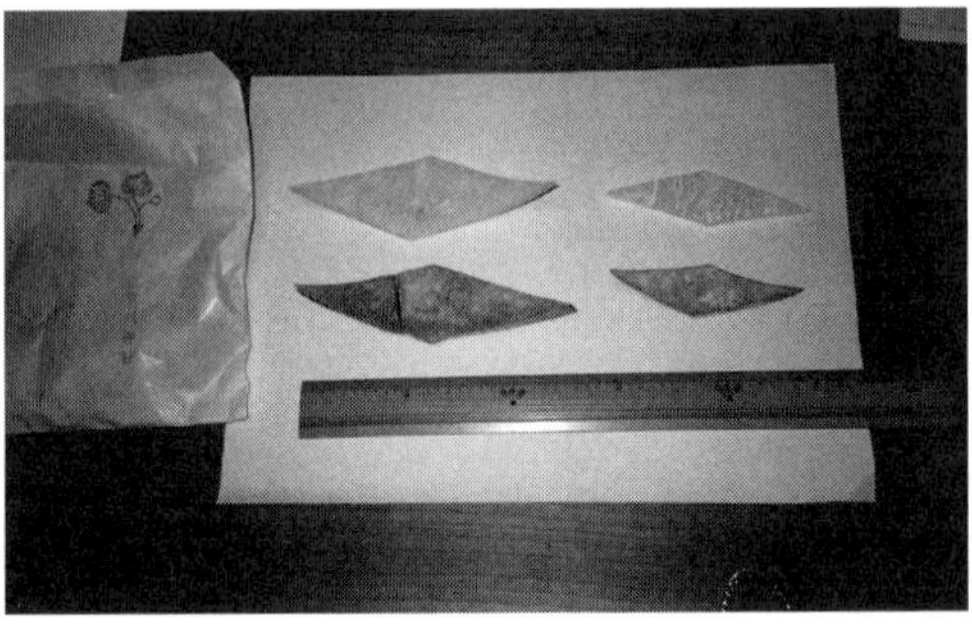

2―1―5　「諸国風俗問状　三河國吉田領答書」にみる風習と葵祭への影響

『諸国風俗問状三河國吉田領答書』には、葵祭の記載はみられない。この史料は吉田領に関するものである。当時の地域区分では、賀茂神社は八名郡加茂村であるため

賀茂神社・菱餅

の詳細は記載されていないと思われる。しかし、近隣の風習に関しても多少の記載がある部分もあり、互いの風習が影響しあっていたことがうかがえる。葵祭が行われる時期付近を検索してみると、3月の項に以下のような記載がある。

三月ひな祭の事草の餅を菱にきりたる又桃の花等通例何ぞ異なる品も候哉菓子は魚鳥の形をらくがむにて作りたる通例猶異なるも候哉草の餅はゝこ草をも用候哉。

此月神事仏事。
さしたる事なし。但、八名郡加茂村に加茂大明神の祭あり、

賀茂神社にても雛祭のときに何らかの行事が行われていることがわかる。このときの神饌は不明であるが、近隣の風習と大差はないと予測でき、吉田領と同様の草の菱餅が用いられていたのではないか。この地域での雛祭は3月、葵祭は4月である。時期が非常に近接している二つの祭礼の内容が混同され、葵祭に雛祭の供え物である草

の菱餅が神饌として用いられるようになり、現在に至っているのではないかと予測した。現在、賀茂神社では雛祭の神事は行われていない。

2—1—6　まとめ

本社の祭礼が地方に伝承され、地域に根付く過程では、本社の形式の伝承よりも、地域の風習の影響が大きくなり、独特の形に変容していくと考えられる。祭の意味は、特に地方においては、その地域に住む人々の暮らしの安定と向上を祈るものである。その意味で、生活様式の異なる都市部の祭の形式をそのまま伝承することの意味は薄く、地域性を帯びることは必然であると考える。ただ、由緒が本社とかかわりあることを伝承することには執着があり、形式の一部には本社の形を残すようである。

2—2　祇園祭の「饅頭配」

愛知県豊橋市の吉田神社では、7月の第3土曜日、日曜日に祇園祭が行われる。打ち上げ花火が有名になり、現在では花火大会の様相を呈しているが、祭の最終には神輿渡御があり、京都の祇園祭の山鉾巡行を思わせる。その神輿渡御の最後に「饅頭配」という一団が付従い、群集に饅頭を配って歩く。この奇妙な行為は、全国各地で行われる祇園祭の中には類を見ない特異な行為である。

しかし、同系統の祭礼もしくは同日の他の祭礼行事や、三河の菓子文化の中に類似の行為や由緒を見出すことができる。京都の祇園祭では昭和57年まで「投げ粽」という行為があった。けが人が出たために中止になったという(12)。祇園祭と同じく御霊会の系統である「御火焚」では蜜柑や饅頭を集まった人に投げ与える。

三河地方は塩瀬系の饅頭文化と深く関係（1章参照）しているが、塩瀬が長篠の合戦の際に饅頭を献上したという伝説と、嘉祥の起源説のひとつが類似している。嘉祥は6月16日に菓子が下賜される行事である。これらの類似の行いが豊橋の祇園祭での「饅頭配」に集約されてきたと推測した。以下にその推測に至る考察を述べる(13)。

饅頭配の図（山本貞晨 ？-1821年『三河国吉田名跡綜録』（豊橋市史編集委員会編（豊橋市史々料叢書 4）収録））

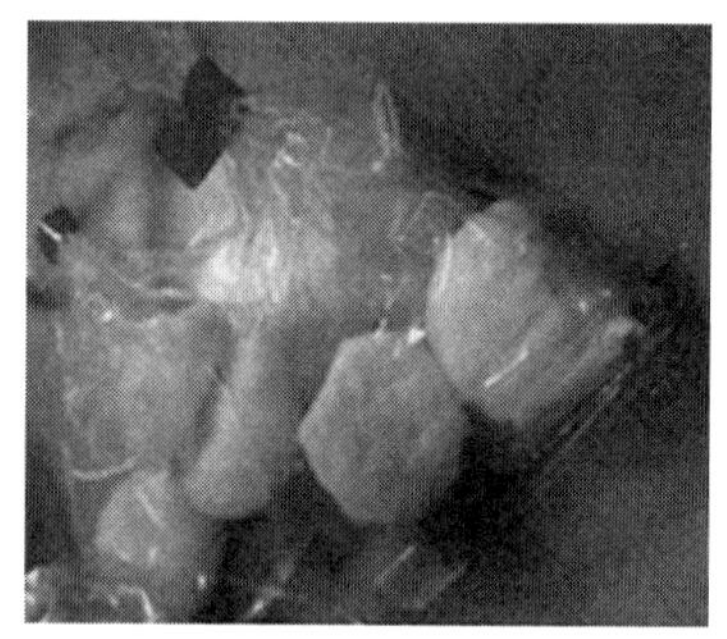

饅頭配の饅頭　2008年

2―2―1　豊橋祇園祭の「饅頭配」

豊橋祇園祭は、吉田城内の牛頭天王（現・吉田神社）の祭礼で、天王社は京都の八坂神社に端を発する天王信仰に基づいてはじめられた社である(14)。京都の八坂神社と同系統の祇園祭であるため、その信仰や祭礼形式の元は京都の祇園祭と同様であったと考えられる。

豊橋祇園祭の饅頭配は『諸国風俗問状　三河國吉田領』では次のように記載されている。

『十三日より十五日迄、城内牛頭天王の祭禮なり、（略）まんちうくらひといふもの一人ぬり笠い幣を多くつけて冠り青金襴の陣羽織たちつけを着し、馬上にて領主の浅敷の前に至て馬上にて口上あり。（此口上いとをかし。）云、「ゴメンナリマセウ、拙者頼朝家來、頼朝先へ通ラレマシタ、拙者此所デ畫辨當ヲ仕ル。」かく云終て警固のもの丶（警固は網笠を冠リはでなる浴衣を着たる男十餘人もあるべし。）葉付の青竹に絹布の切にて造りたる大袋を付け、此袋に（此袋四ツも五ツもありて警固四五人も是を持なり。）入たる小麥の饅頭を袋から取て中なる饅頭を取出し少し食ひて、さて又此饅頭を多く抓て領主の浅敷へ打込むなり、此饅頭は身に中るを吉祥とす、領主の前には白木の三方を居へ置くなり、さて段々に家老用人など末々の浅敷まで投終り、又領主の前へ立返りて、口上、「殿様マスマス居ナリニ七十五萬石、メデタウゴザル。」かく云終て通行くなり。』

なお、呼び方であるが、『豊橋市史』（第二巻）によると、饅頭配が訛って「饅頭喰（くらい）」ということが一般化していた時代があったようである。

平成20年の例では、装束については上記の記録とほぼ同様であるが、途中の口上や「少し食ひて」という行為、領主の前に置くということはなく、行列のあとに担当町内の数人が平服でついて歩き、ビニール袋に詰めた饅頭を群衆に撒くという形であった。饅頭は小麦粉を練って蒸したもので、中に詰め物はない。

「饅頭配」の起源や意味については、『三河国吉田名蹤綜録』に「これは一説に頼朝より範頼に属附れたる愛臣に笹瀬万十郎とて性情はで異風を好む士あり、一興の為に其者を形どり饅頭喰と呼ぶ、（略）此説いぶかしと思えども茲に挙て猶後人の賢慮を待のみ」との記載が見られる。また、『豊橋市史』（第二巻）には、「寛文11年（16

71年）の記録には流鏑馬付荷馬と書かれており本来はそうした役割のものと思われる」ともあるが、両説ともに饅頭配の起源や意味の十分な解説にはなっていない。

他の地の祇園祭で同様の行いの例は、埼玉県東松山市の例が松崎(15)により次のように報告されている。「何時の頃からか高坂部落では、毎年八月一日の祇園祭に麦粉で饅頭を作り、親戚や知人に配るならわしがあります。この饅頭は「高坂饅頭」あるいは「スマンジュウ」と呼ばれ、この地の名物になっています。祇園の祭が近づくと、部落の家々ではこの饅頭の準備にかかります。」この例では、「親戚や知人に配る」のであり、祭礼や行事の際の「身内間での贈答」にあたる饅頭であると解釈できる。豊橋のように、祭礼の行列で不特定多数を対象にした「群集に投げ与える」行為はやはり特殊な例なのであろう。

2―2―2　三河と饅頭文化

1章でも述べたように、三河地方は饅頭の祖である「塩瀬家」との関係が深い。三河にて饅頭文化の祖の子孫が一時居を構えていたということは、饅頭文化が他の地方地域よりも早く伝来し、深く根付いていいたであろう。長篠の合戦の際に饅頭を献上したことは、塩瀬家は三河との関係を重要視していたと解釈できる。ゆえに、三河において饅頭は、その後種々の形に発展していく菓子の中でも、特に意味深いものとして扱われていたのではないか。

2―2―3　御霊会

祇園祭は御霊会のひとつである。伊藤(16)によると民間側の御霊会は6月7日から14日であり、祭礼には餅、団子、豆などで作った丸い物の存在が欠かせないという。『諸国風俗問状　三河國吉田領』からは豊橋祇園祭も本来はこの時期であったことが窺え、御霊会の祭礼に必須である丸い物として饅頭が選択されたことが想像できる。

また、祇園祭以外の御霊会として、11月の「お火焚き」に注目すると、蜜柑や饅頭を集まった人に「投げ与えた」との記録がみられる(17)。「投げる」という行為に注目すれば、京都の祇園祭では、昭和57年まで「投げ粽」という鉾の上から粽を投げる行為があった(18)という。伊藤(19)の説を広げて解釈すれば、御霊会において不特定多数の者(群集)に対して食物を「投げる」ことは追儺に見られる穢れを祓う行為と同様の意味をもつと考えられる。

「丸い物」を「投げる」のが御霊会の基本の形だったとすれば、豊橋祇園祭の饅頭配はこの形を踏襲しているといえるのではないか。

2―2―4　嘉祥

「嘉祥」という行事と三河は、1章で述べたような関係にある。その起源や内容には諸説あるが、どの節にも共通していうことは、「菓子を与える」行事であったことである。「饅頭配」は、饅頭を「配る」＝「与える」行為とみてはどうか。

2―2―5　「饅頭配」についての一考察

以上の事柄が豊橋祇園祭の饅頭配に集約されてきたとの推測について検討する。三河地方にとって「饅頭」はどう認識されているのか。日本の菓子文化の源流ともいえる饅頭文化の基礎をつくった塩瀬家と、この地方のかかわりは非常に深い。また、この地域での合戦時に饅頭を献上したエピソードが、塩瀬家の代表菓子の由緒となり、嘉祥の起源説にもなっている。この三河地方にとって饅頭は、この地の文化、歴史、とりわけこの地の英雄の合戦時のエピソードを語る際には欠かせないものとなっているのではないか。三河地域最大の祭である祇園祭において、この意味深い「饅頭」が取り込まれたのは必然ではなかったか。

饅頭を祇園祭に取り込む際に、御霊会での丸い物の扱われ方が意識されたのではないか。民衆の御霊会は種々あるが、三河地方では『諸国風俗問状　三河國吉田領』でも祇園祭だけであった。同系統の祭礼である御霊会から祇園祭へ、その形式のなかから「丸い物を投げる」という要素を取り込んだのではないか。

さらに、三河地方では嘉祥の記録はないが、起源説と三河との関りから考えると、嘉祥がまったくこの地に存在しなかったとは言いがたい。嘉祥のように民衆に菓子を下賜する行為は、為政者にとっては民衆の士気の統一、向上を促す格好の機会であり、何らかの形でこの地にも存在したはずであろう。三河では嘉祥が上層階級の行事として留まったのでないかと1章で述べたが、民衆への同様の目的を持たせた行為は、同時期に行われる祇園祭で菓子を撒くことで嘉祥の意味をも含ませたのではないか。嘉祥が祇園の後祭であった（1章・注12）ということであれば、嘉祥を祇園祭と区別せずに一連の行事として行うことになっていったのではないか。饅頭配が行列の最後尾を歩くのもそういった意味があるのではないか。

また、6月16日には「月見」が行われることもあった。これは女子の元服ともいわれ、16歳を迎える女子をもつ公家で行われた。その形式は事例により多少の差異が見られるが、大まかに述べると、対象の女子が6月16日の夜に饅頭に萩箸で穴を開け、その穴から月を覗き見るという行事であった[20]。この「月見」という儀礼は、同日の「嘉祥」との関連が種々考察されている[21]が、明確にはなっていない。月見の行われる年には嘉祥を行わなかった例もみられ、類似の儀礼行事が集合されることはあったようである。祇園祭に嘉祥の要素が取り込まれたのは、月見と嘉祥の関係に類するのではないだろうか。

2―2―6　問題点

以上を検討した中で、問題点として残るのは、源頼朝との関連である。饅頭配は源頼朝の行列の最後尾を歩いているが、頼朝の時代にはまだ日本に饅頭は伝来[22]していない。史料の記載が史実の再現よりであるとすれば、全く矛盾する話である。『三河国吉田名蹤綜録』には牛頭天王社の祇園会について「人皇七拾五代崇徳院御宇天治元年疫病大行人多死、此有横地氏、勧請天王行祇園会、疫病忽止、自是以来凡有病者無不折之、其後源頼朝卿在伊豆時、聞当社之神霊遙祈願之、祈願成就故在鎌倉時寄進祭田、爾来年々祭礼無怠、代々当国之国司地頭奉行之而進其祭礼之禄、神主横地氏祈祷天下泰平国家安寧社頭康寧氏人繁昌、霊験日厚、感応日速、再拝再拝……」とあり、吉田神社と頼朝の関係は伺える。史実との矛盾は承知の上で、頼朝を饅頭配に関連づけることで、この行為の由緒の格の向上を図ったのか。

また、三河での嘉祥についての史料が確認できていないため、嘉祥が祇園に取り込まれたのではないか、という点が証明しきれない。

2―3　鬼祭の「タンキリアメ」

安久美神戸神明社の例祭である「鬼祭」は、2月10日・11日に行われている。重要無形民俗文化財にも指定され、古式を伝える祭礼である。平安から鎌倉時代に流行した田楽に日本建国の神話を取り入れて神事としたもの[23]とされている。祭礼のうち、「天狗と赤鬼のからかい」の部分は現在も『諸国風俗問状答』の記述のままに行われている。赤鬼と天狗が闘い、敗れた赤鬼が償いにタンキリ飴と白い粉をまきながら境外へと逃げる。この粉を浴びて飴を食べると厄除となり夏病みせぬと言い伝えられている(24)。

『諸国風俗問状答』の記述　※傍線は著者による

正月○十四日　城内神明の祭なり　其さま大凡、天孫降臨などをまねびたるにあらん、(鼻高と赤鬼と)からかひと云事あり、俗にカラカヒノ祭とも云。〜終には札木町(此札木は半分頃より東の方氏子なり。)の西の果なる植田屋七三郎と(此植田は勿論氏子にてはなし。)いふの家に入て暫時休息して、又走りつゝかへるなり、歸りは神輿より先キなる事も後なる事もあり。此赤鬼白引の飴の五斗りつゝに切たるを持居て、城内の浅敷、又は走廻る道通りなどこゝかしこへなげちらすなり、此飴を神供の如くによろこびて拾ふ事なり、

この祭礼に用いられる「タンキリ飴」は、2008年度の愛知大学短期大学部須川ゼミ生の卒業研究調査によると、社務所で販売されているものは製造会社不明であるが、白色の晒飴で一袋200円、神宝抽選券がつく。祭礼時に店を出す露店のものは、松葉製菓(豊橋市)製の晒飴で、白以外に赤、緑に着色されたものを混ぜて一袋

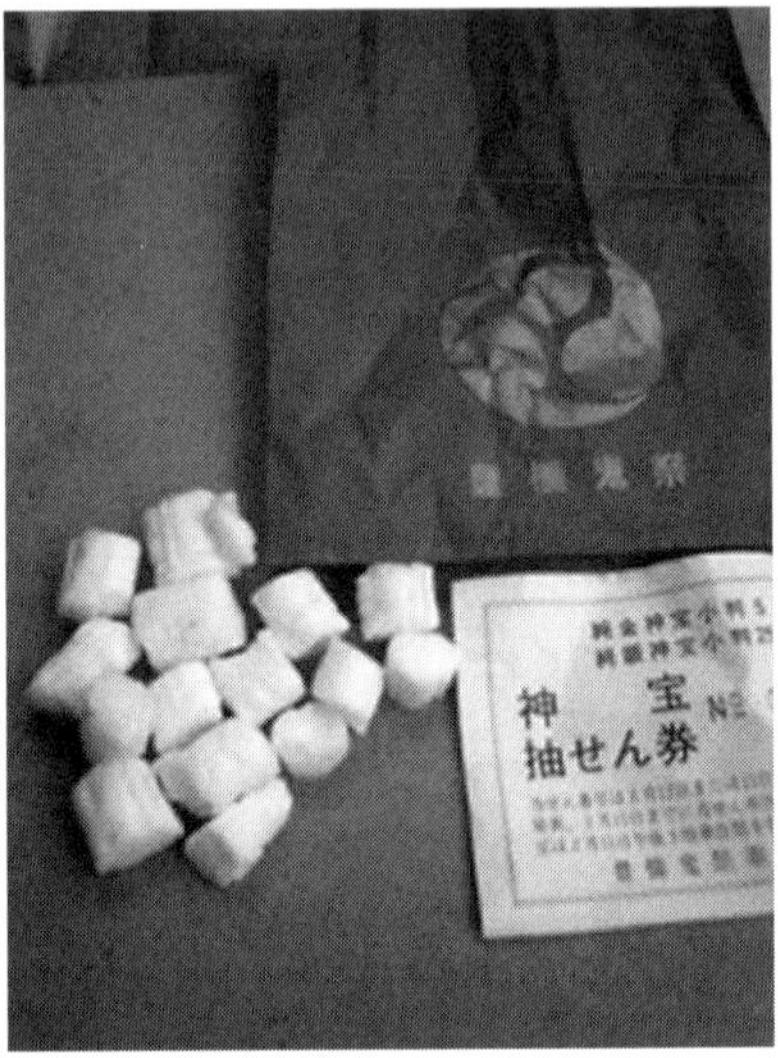

タンキリ飴　2008年

200円、300円、500円で販売している。また、飴にまぶされている白い粉は「タルク」という食品添加物で、製造工程や保存中の湿気防止になるという。

タンキリ飴は豊橋市内各所で製造されており、鬼祭の時以外でも常時販売はされている。そのメーカーのひとつ「メリー鈴木製菓」社長のインタビュー記事[25]を転載しておく。乾燥ゼリーと並ぶ豊橋の製菓業の主力製品となっていることがわかる。

●豊橋はゼリーとたんきり飴

キャラメル記者（以降キャラに省略）：「メリー鈴木製菓さんの創業経緯を教えて下さ

い。」

鈴木社長（以降社長に省略）：「ウチは先代が昭和25年頃から個人で始めまして、先代が亡くなって私は7年前に東京からこちらに来て継いだんです。以前はオブラート巻とか砂糖がけのゼリーを作っていたんですが、先代の時期にそれをやめて、まずねりあめから始めてその後に現在のスティックタイプのゼリーなどを作っています。僕に替ってからは味も微妙に変えてきました。豊橋のメーカーはたんきり飴からスタートしたところが多くて、戦後すぐの頃には80軒とか100軒くらいあったようです。白飴組合がありましたからね。というのもこの地方では良質のさつまいもがとれましたから、いも飴の生産がさかんだったんです。」

●たんきり飴のおいしさの秘密

社長：「たんきり飴の材料は穀飴と砂糖が入ってます。湿度、温度もそうですが、ひと釜ひと釜飴の煮詰まり方や味が変わってきますので、最後は自分の舌が頼りです。原料にもばらつきがあります。ウチは直火の釜で作っていますので、水飴の原料が悪いとすぐ焦げてしまうんですよ。かといってある種の臭みが残ることがあるので、直火の釜は変えられません。ご飯とかでもそうですよね、直火炊きが一番おいしいじゃないですか。ぜひこのおいしい味を若い人にも食べてほしいですね。

ねりあめについても飴を煮るという点では同じですが、固さに気を遣います。寒い時期には飴は固いので水分を多くし、反対に暑い時期にはできあがりが柔らかくなりすぎないよう水をひかえます。食べる人が箸につける時、しぼり出しやすい固さになるよう工夫しています。袋詰めからは今でも手作業です。割りばしを入れるのは内職さんにお願いしていますよ。

昨年くらいから台湾などにねりあめを輸出しているんですが、着色料の規制が日本と違うのでウチがいちばん出したいピンク色を輸出できないのでちょっと困ってますね。現状は黄色と緑だけ出しています。」


なお、「タンキリ飴」という名称の同様の飴は各地で製造販売され、鬼祭に特有のものではない。また、名称の由来も、効能を示すもの（痰きり）や、製造工程で長く引き伸ばされた飴を短く切るから（短切り）とか、切るときの音（タンタン）を名称にした…など複数の説がある。『諸国風俗問状答』では「白引きの飴」と記されていたものがいつから「タンキリ飴」となったのかは不明である。

3　上巳のいがまんじゅう

現在の三河地域では、雛祭りの頃になると「いがまんじゅう」が盛んに売り出される。「いがまんじゅう」「いがもち」などこれに類する菓子は全国に分布がみられ、また、雛祭の頃に限定されたものでもない。しかし、遠山(26)の調査では「ひなまんじゅう」と呼ばれることもあり、三河地域での雛菓子の代名詞ともいえる。しかしながら、『諸国風俗問状答』では、「三月ひな祭の事草の餅を菱にきりたる又桃の花等通例何ぞ異なる品も候哉菓子は魚鳥の形をらくがむにて作りたる通例猶異なるも候哉草の餅は、ゝこ草をも用候哉。〇通例の外に異なる事なし、は、ゝこ草を用る事もなし。」とされ、問にある通常のこと(草餅を菱型に切ったもの、魚鳥形のらくがん)以外には特段変わったことはないとの回答をしている。「いがまんじゅう」はここでは登場しないのである。

「いがまんじゅう」の名称の多様性やその分布については遠山の論文(27)にて詳細な分析がされておりここでは繰り返さないが、一つ注目しておきたい指摘がある。三河で茶道文化を展開した山田宗徧との関係である。遠山の調査では、三重県多気郡で用いられる「マツカサモチ」は、形状からいがまんじゅうに類する同系の菓子の分布事例として扱われている。年中製造販売されているが、特に3月初午の時期の菓子としての認識が高いという。そして、史料調査結果として、このマツカサモチは『山田宗徧が好んだ。「宗徧饅頭」ともいう』(28)と記述されている。

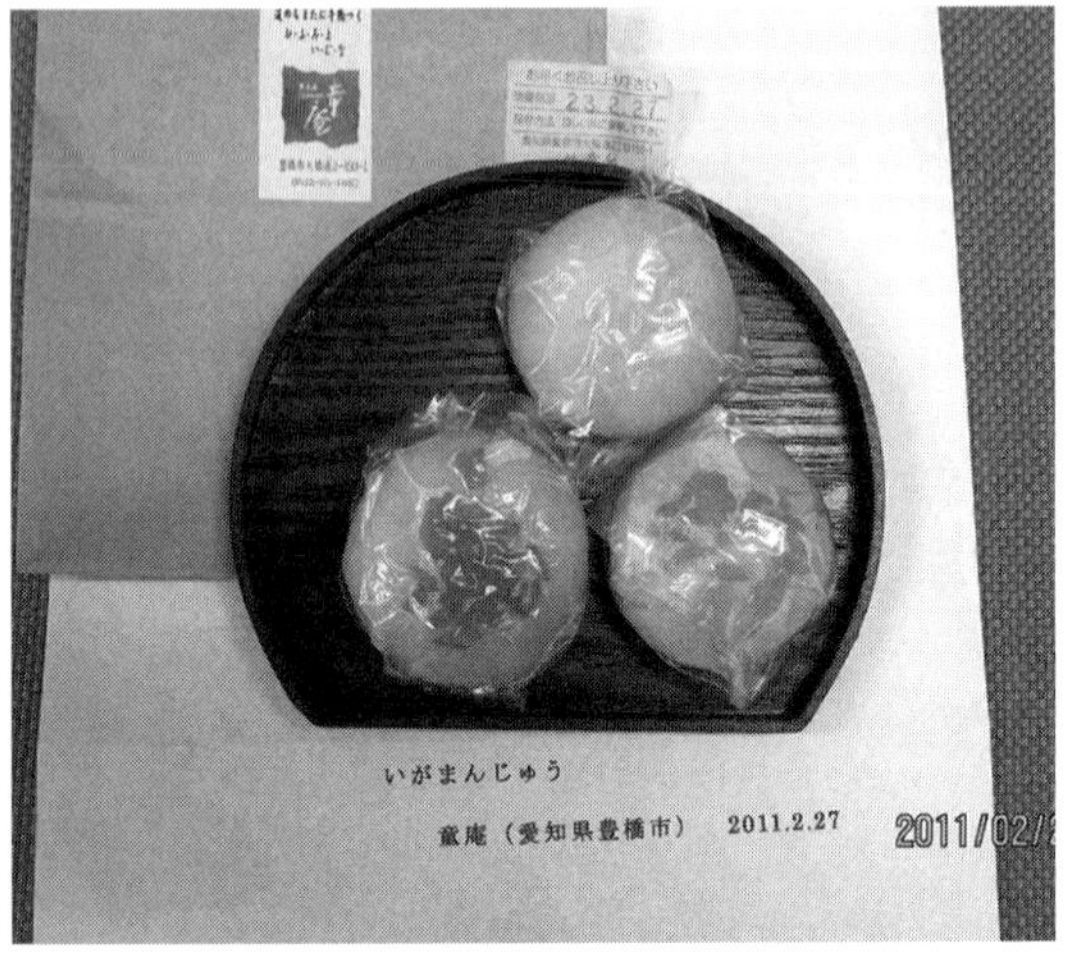

いがまんじゅう（豊橋市・童庵）2011年

宗徧が三河国吉田藩に仕え始めたのは明暦元年（1655）、『諸国風俗問状答』が発送されたのは文化10年（1813）から2、3年の間とされている。問状が出された時には、いがまんじゅうの形状をした菓子が宗徧好みとして三河には存在したはずである。ではなぜ、雛菓子として一般化していなかったのか。あくまでも推測であるが、「茶の湯の菓子」と「節供菓子」との菓子に対する認識の違いが垣根となっていたのではないだろうか。宗徧流は二代以降、唐津、大阪と経て、十代で鎌倉を本拠としている(29)。家元が三河から離れていくしたがって、「家元好み」という特別な茶の湯菓子である意識が薄れ、3月の季節菓子、3月の行事菓子、ひいては雛菓子として取り込まれていったのではないだろうか。

4　街道と菓子

4―1　柏餅と猿が馬場

東海道三十三番目の宿場二川宿は、吉田城より6㎞ほど西よりにあり、歌川広重

「東海道五十三次之内 二川 猿ヶ馬場」にも描かれている。この浮世絵には旅人たちが茶屋へ向かって歩く姿が描かれ、茶屋の軒先には「名物かしハ餅」の暖簾がみえる(30)。猿ケ馬場と呼ばれた地域は、もうひとつ西隣の白須賀宿へ向かった遠江と三河の境川付近（現在の境宿）である(31)。『東海道名所記』に「猿が馬場、柏餅こ、の名物なり。あづきをつ、みし餅、うらおもて柏葉にて、つ、みたる物也」とあり、『東海道名所図会』巻之三にも「猿馬場の茶店に柏餅を名物とす」と記されている。京都の公家土御門泰邦が東下した折の紀行『東行話説』（宝暦10年正月）は道中名物を試食した作として知られるが、この柏餅はどうもこの人の口に合わなかったらしく酷評されている(32)。

街道菓子としてのかしわ餅は、ほぼ忘れ去られてしまったが、端午節の「節供菓子」としてみると、この地の名物となった由縁がひとつ推測される。端午節の節供菓子といえば、かしわ餅と粽があるが、東西で主役が入れ替わる。京を中心とした西側では粽、江戸文化圏の東側ではかしわ餅なのである。東西の境目、京坂から江戸へ文化圏が移る三河あたりが、江戸文化「かしわ餅」圏の最西端だったのではないか。「これより向う『粽』圏なり」「ここより『かしわ餅』圏なり」という文化圏の境目を、旅人たちは猿が馬場の茶店で一服しながら感じていたのではないだろうか。

時は過ぎて平成26年、豊橋市の「二川宿ブランド化推進委員会＆ＮＰＯ法人二川宿」が「レモンかしわ餅」というものを開発、販売を開始した。「猿が馬場のかしわ餅」の歴史と、この地域にある農園が無農薬レモンを栽培していることを取り合わせた地域ブランド商品開発(33)のひとつだという。一度は廃れた名物菓子が新しい装いで再登場したのである。三河の菓子文化の歴史の奥行と現代三河人たちの柔軟な発想力で、この新「三河銘菓」をぜひとも定着させてもらいたい。

4―2　豊川稲荷の門前菓子

街道を往来する旅人の目的のひとつは参詣である。猿が馬場でかしわ餅を味わった旅人は、きっと豊川稲荷へ参詣したであろう。豊川稲荷で祈った後にかしわ餅を楽しんだのかもしれない。いずれにしても、神社仏閣の門前には門前町ができ、土地の名物や土産物を売る店が立ち並ぶものであり、豊川稲荷の門前もその例に習う(34)。

巻煎餅・有平巻・稲荷巻

稲荷を守護する狐が口にくわえている巻物にちなんだ形。明治30年頃から製造され始め(35)、同種の菓子が門前4軒にて製造販売されている(36)。同様の菓子は「絹巻」という名でも各地で製造販売され、織物製作に使う「杼(ひ)」の中に収められている「緯糸巻(ぬきいとまき)」から発想された意匠ともされる(37)。

円福餅

初詣時だけ製造販売される年賀の菓子。円福餅本舗のみで製造販売(38)される門前土産菓子としては稀な独占製造販売の菓子である。大正4年（1915）の創業当時は、豊川稲荷に伝わるの平八郎稲荷伝説(39)にちなみ、「平八郎餅」と呼んでいたが、皮を餅から羽二重餅に変えたのを機に豊川稲荷の山号「円福山」にちなんだ菓子名にした(40)。

宝珠まんじゅう

豊川稲荷で祈祷を受けた米を麹に交えた餡を包んだ饅頭。喜楽製菓にて昭和60年頃

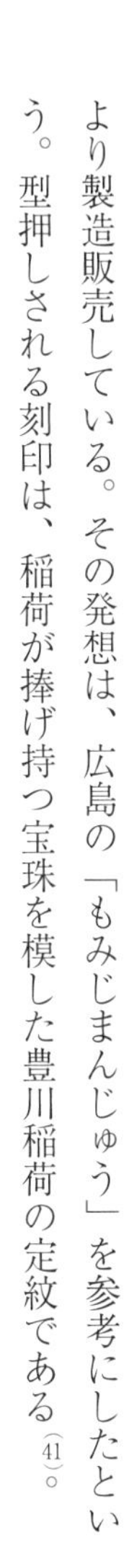

より製造販売している。その発想は、広島の「もみじまんじゅう」を参考にしたという。型押しされる刻印は、稲荷が捧げ持つ宝珠を模した豊川稲荷の定紋である(41)。

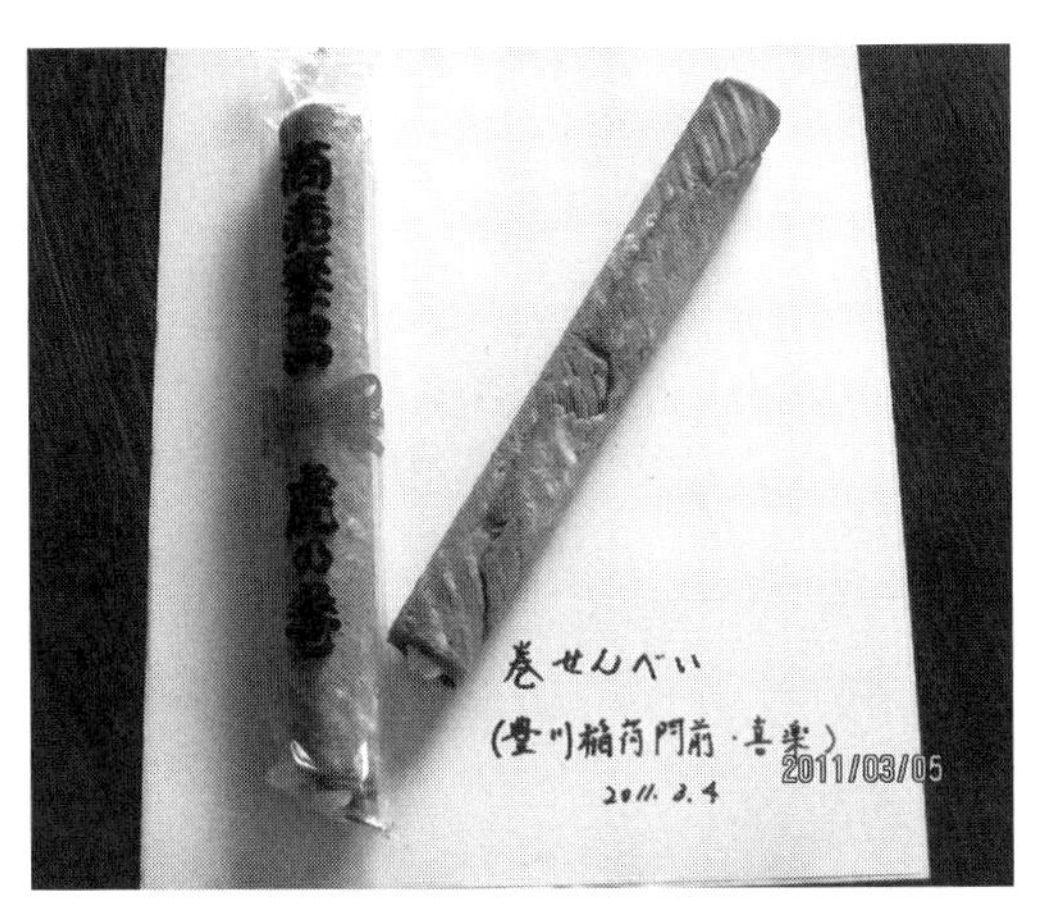

撒き煎餅（喜楽製菓・豊川市）2011年

宝珠饅頭（喜楽製菓・豊川市）2011年

最後に、三河の菓子が京都の門前菓子となった例を紹介したい。大正の頃、東寺の門前にあった片山新太郎店「わらび餅」は毎月二十一日の弘法市の名物菓子であった。このわらび餅は三河から来た旅僧が製法を教えたと伝えられる(42)。三河の菓子が街道を通って各所に伝わり定着した例は、おそらく他にも多数あるのだろう。

〔注〕

(1) 花祭、鬼祭などの祭礼、手筒花火など
(2) 竹内利美・原田伴彦・平山敏治郎編　1969『日本庶民生活史料集成　第9巻　風俗』三一書房
(3) 本書では、愛知大学綜合郷土研究所所蔵のもの使用した。
(4) 遠山佳治　1996「「いがまんじゅう」と「いが餅」について―三河における三月節供菓子を中心に―」『安城市歴史博物館研究紀要』No.3
(5) 岡田荘司　1968「中世の加茂別雷社領」『神道学』五八号　神道学会
(6) 賀茂神社社務所　1973『賀茂神社略記』
(7) 喜多野宣子　2004「神饌の伝承と時代による変化について―賀茂別雷神社を例として―」『日本家政学会第五十六回大会研究発表要旨』

(8) 前出、喜多野　2004

(9) 所功　1998『京都の三大祭』角川書店

(10) 愛知県神社庁豊橋支部　1939『豊橋市神社誌』

(11) 三遠南信（三河・遠州・南信州）地域は、民俗芸能の宝庫といわれ、国の重要無形民俗文化財第1号に指定された「奥三河の花祭・水窪の西浦田楽」をはじめ、「伊那谷の霜月祭、遠州川名・寺野のひよんどり」、「豊橋の鬼祭」など数多くの民俗芸能が継承されている。これらの祭には共通して鬼が登場するが、節分などの悪鬼のイメージはなく、善鬼として「五穀豊穣」や「除厄」といった人々の願いを叶える鬼様として伝えられている。（豊橋市中央図書館・第13回「三遠南信地域資料展・三遠南信の金と鬼」（平成22年1月））

(12) 亀井千歩子　1996『日本の菓子』東京書籍

(13) 以下を史料とした。『嘉定私記』文化元年（東京博物館蔵）、『数寄の友』大正2年（校訂虎屋文庫『和菓子』第1～7号）、『林氏塩瀬山城伝来記』『林氏塩瀬山城名跡伝来記』天保年間（岸本愛子編集『菓子文庫』七号昭和46年）、『諸國風俗問状三河國吉田領答書』文化15年（校訂河本正義　昭和9年発行版）、『三河国吉田名蹤綜録』成立年不詳（豊橋市史編集委員会編集　豊橋市史々料叢書四　平成9年）、『豊橋市史』第二巻・第四巻　豊橋市史編集委員会

(14) 『豊橋市史』第二巻

(15) 松崎寛雄　1982『饅頭博物誌（「日本の食文化体系」第十八巻）』東京書房社

(16) 伊藤信博　2003「御霊会に関する一考察：御霊信仰の関係において」『言語文化論集』Vol.

24　No.2　名古屋大学

(17) 前出、松崎　1982

(18) 前出、亀井　1996

(19) 前出、伊藤　2003

(20) 前出、青木　1994

(21) 前出、青木　1994、鈴木　1994

(22) 饅頭は1241年に円爾が博多へ伝えたとされる。または、1349年に龍山徳見とともに来国した林浄因が伝え広めたともいう。

(23) 安久美神戸神明社ホームページ

(24) 前出、安久美神戸神明社ホームページ

(25) 「突撃メーカーさん」http://www.carayoko.com/totugeki/mary/mary.html

(26) 前出、遠山佳治　1996

(27) 前出、遠山　1996

(28) 鈴木宗康　1968『茶菓子の話（茶の湯ライブラリー5）』淡交社

(29) 茶道宗偏流不審庵ホームページ

(30) 葛飾北斎の「白須賀」にも「かしハ餅」の文字がみえ、職人が餅をこねている様子が描かれている。

(31) 白石克　1991「続・広重東錏五十三猿総を読む」『KULIC 25』慶應義塾大学研究・教

育情報センター

(32) 鈴木重三　1997　味の素食の文化センター『錦絵ギャラリー』解説

(33) 二川宿ブランド化推進委員会&NPO法人二川宿「報道資料平成26年4月15日」開発商品「二川レモンかしわ餅」の販売について

(34) 松山雅要　1994「豊川稲荷の成立と門前の発展」『三河地域研究』第11号 p81—102、荘田慶一2005「豊川稲荷門前町の地道なまちづくり」『新都市』59巻9号 p97—104

(35) 遠山佳治・成田公子・熊崎稔子・小野真知子　1997「東海地域の伝統的な和菓子について—愛知県内における寺社参詣の土産用和菓子—」『名古屋女子大学紀要』第43号（家政・自然編）

(36) 2008年、内藤製菓談。

(37) 井上由理子　2010『和菓子の意匠　京だより』京都新聞出版センター　p85

(38) 2008年現在。

(39) 豊川稲荷ホームページ「開創の時、一人の老翁があらわれ、「お手伝いをいたします」と禅師の左右に侍してよく働き、自ら平八郎と称していました。老翁は一つの小さな釜を持っているだけで、ある時は飯を炊き、ある時は菜を煮、又ある時は湯茶を沸かし、しかも幾十人幾百人を展待するのにもこの不思議な釜一つで間に合いましたので、その神通に驚かないものはありませんでした。そこである人が一体どのような術を使っているのかと尋ねると、平八郎はにっこりと笑って「私には三百一の眷属がありますので、どんな事でも出来ないということはありません。又どんな願いも叶うのです。」と申しました。この不思議な老翁は、開山禅師が遷化されてから忽然と姿を消してしまいましたが、あとには翁が使っていた釜だけが残されていました。」

(40)２００８年、円福餅本舗談。
(41)２００８年、喜楽製菓談。
(42)辻ミチ子　２００５『京の和菓子（中公新書１８０６）』中央公論社　p29

第3章　菓子業の近代化

近代を迎えた日本では、経済や産業の構造の変革が余儀なくされ、菓子業においてもそれは例外ではなかった。西洋菓子の製造販売が積極的に推進され、それに伴い菓子職人も諸外国へ情報収集と修業へ出かける様にもなった(1)。

このような時期に菓子業界誌として発行された『はな橘』は、近代の菓子文化をひも解くに大きな役割を果たす。旧来の菓子(いわゆる「和菓子」)と新進の菓子(洋菓子や折衷菓子)、これまでの菓子文化の中核となってきた京都と地方との関係など、当時の菓子業界の苦悩や躍進への意欲、そして創意工夫とその実行力がありありと記載されている。

本章では、この『はな橘』で近代日本の菓子業界の様相を踏まえ、そのうえで、三河の地が菓子業の近代化に果たした役割を明らかにする。

1　『はな橘』(2)にみる明治期の菓子業界

「はな橘」は明治33~36年(1900~1903)の間に11号発行された。編集人川村猪蔵、小西大東、発行人谷口平三郎、発行所は京都の大日本菓子協会、販売は京華社の京都本店および東京、名古屋の支店が取り扱った。発行部数等は不明であるが、読者の投稿内容から見ると日本各地へ出回っていたようである。編集人の小西大東は、有職故実に明るく、歌屋という雅号をもち明治34年（1901）には小説を発行するなどの多彩な教養人であり、菓子についてもなみなみならぬ関心をもっていた。「はな橘」の広告欄に「意匠考案所主小西大東」とみえ、いまも大東のデザインを商標や栞に伝える店がある(3)。赤井(4)はこの雑誌を菓子屋たちのつくる「職人雑誌」としている。

1─1　「はな橘」発行当時の時代背景

明治期の日本文化の状況について色川(5)は、「日本文化の大混乱は、明治期にまさるものがなかった。はげしく実験的であり、独創性と模倣が混交し、欧化と国粋がめまぐるしく交錯している。中間層に激情を呼び起こし、さらに底辺の民衆の深部にまでその波を広げた。」と分析し、「明治文化の性格を規定している基本的な指標とされる「折衷性」「家意識」「土着性、地縁性」「ナショナリズム」等の特性は、終局においては「精神構造としての天皇制」において関連づけられる」と論評した。明治期の菓子文化も同様の状況あったといえよう。明治期以前の菓子文化の発信地は京都であり、「上菓子＝京菓子」であった。

日本の菓子文化は、地理的、歴史的要因の下に江戸期に大成した[6]。林[7]が指摘した要因のうち、「御所・宮家・公家の在所であったこと」が、いわゆる「京都ブランド」を確立し、菓子のみならず京都の工芸品は地方の人々に受け入れられていたという背景があった。遷都により輦轂（レンコク）の余沢が消え、献上品としての需要も減少した京都発信の品々は真の実力が問われる時代となっていた。さらに、経済改革の一環として、菓子税（1885年）、砂糖消費税（1901年）の導入、産業組合法（1900年）、重要物産組合法（1909年）の施行などにより、特定の消費者を対象とする家業を経営形態としていた京菓子屋は、経営形態の変革を模索しなければならない状況にあった。また、江戸末期の京都の菓子屋の分布は、御所の西部から西陣に至る地域と、三条通四条通周辺地域の二分に大別することができる[8]が、このような分布であったがために、琵琶湖疏水建設（1885年）を皮切りに着手された京都の産業基盤整備としての「鴨東開発」から取り残されることとなった。

京都の菓子屋は、名物菓子屋系統と上菓子屋系統があるが、名物菓子屋のほとんどが創業時より現在に及んでいるのに対して、上菓子系統の店では、大正、昭和と比較的新しい時代に現在のその店の代表銘菓が創始されている。近世にみられたような公家、武家、寺社という特定顧客との結びつきが明治以降失われ、各店の交替があったとともに、またそこに各店が独特とする銘菓をもって販路を獲得してゆかねばならなかった状況にあった(9)。

西洋菓子の製造販売は、東京が先行し、明治8年（1875）頃に米津風月堂がビスケットを製造した例が嚆矢である(10)。京都における洋菓子の製造は、明治20年（1887）頃のビスケット製造に始まるとされる(11)が、個人経営の菓子屋では桂月堂が明治13年（1880）「欧風菓子司」として西洋菓子を販売している(12)。東京では和菓子の老舗も洋菓子の会社に出資し(13)、学生街にミルクホールもできて西洋菓子の浸透は急速であった(14)が、京都では同志社英学校創設者の新島襄や京都府知事の槇村正直など京都近代化に尽力した上層文化人に支えられながら(15)も、明治38年（1905）でも洋菓子屋は桂月堂一軒のみといわれ、大学や三高の先生に食べてもらう程度のものであった(16)という。西洋菓子の輸入額は明治10年頃には約五千圓、明治20年頃には一萬圓、明治30年頃には二萬五千圓と累進して明治38年には二十二萬五千圓、翌39年には二十六萬九千圓という大輸入となった(17)。

京都発信の旧来の文化基盤を一新するような種々の開発や経済基盤整備が推進される一方で、明治16年（1883）の「京都皇宮保存ニ関シ意見書」で京都御所の整備と平安神宮の創建案が提言され、旧慣の保存の機運も高まっていた。

まさしく色川(18)の指摘した欧化と国粋がめまぐるしく交差している状況であった。

1―2　「はな橘」にみる菓子文化

『はな橘』発行の契機には、西洋菓子の普及に伴う菓子業界全体の気風に変革が迫られている社会状況がある。江戸末期までは菓子業界の象徴的権威であった京菓子がその時代の変化に押されて低迷している状況が記載されている。

『大阪菓子商組合の勅題菓展覧會　各出品者の意匠と云ひ會場の模様と云ひ勃々として進歩の氣象を有せる情況は實に京都の同業界が近時寥々として萎靡せるに比し殆んと霄壌の差ありと謂つべしとぞ』（第四号）

『近頃京の名家で三盆ばかり使て居る家じやと云ふてもどうも晒し方が足らぬのか味が悪い、却って此頃は大阪には随分よい菓子が出来る』（第五号）

『第二回全國製品博覧會の京都の菓子陳列場に這入りて見たら……一體アリヤ何だ團子店やら豆平の棒やら飴類のような店に番頭然たる人が紙包み竹の皮包みを多忙そうにしていぢって居る一方には團子をこねて居る殆んど縁日の大道に露店を見に来たような心持がする夫に甚しいのは松風の大きなる亦飴製の菓子などを紙に巻いて出品して居る、本通の方にも羊羹の竹皮包の上を簾で巻たものがある、あれは何の為だ二重巻とは餘り丁寧過ぎやせぬか、高尚優美は京菓子の特長である、夫に裏通りの様な殺風景没趣味の店を出しては京の顔に係はる殊に牡丹の馬鹿に大な變けもの染みた造り菓子があったが京都にもあれだけ無器用な細工をする人が出来て、また臆面なく公衆に示すように成つたのは實に度胸が京菓子細工人にも出来た……』（第五号）

『再び第五回内國勧業博覧會出品について同業者に諮す……回一回と經験を重ぬるに従て進歩すべき筈のものが却って退歩せるが如き實況を呈せり……其の出品の堕落最も甚だしき京都の同業者に例して之を糺し而して全國の同業者の覺醒を促がし以て出品方法を根本的に刷新せしめんと欲す』（第六号）

『……之を一掃するの好機會は實に當來の大博覧會にして而して之を成功せしむるの好機會は實に京阪菓子商組合の發起に係る全國菓子品評會なりとす』（第六号）

『新年菓展覧會（京都）……軽妙、巧妙、奇妙、珍妙、美味相、不味相など種々の出品ありたけれども……』（第十号）

旧来の京菓子らしさ（優美さ、高尚さ）だけでは好評価が得られず、芸術性の表現方法を模索した結果、「珍品、奇妙」と評されるなど京菓子が権威を失っている様子が伺える。しかし、当時の東京で主流であった駄菓子系統の菓子の販売については「露店のようである」と否定的である。このような菓子屋を取り巻く気風を打破すべく、次項以下に示す点に関して誌上で議論を交わし、日本の菓子業界の将来を確立していこうとしている。

1—2—1　西洋化への取り組み

『はな橘』第一号の緒言に、『我製を海外に出して、先つ東洋の沿岸より彼（獨）を排し、進て中歐と彼（獨）と競争するもの……』とある。当時の菓子業界では、他の産業と同様に輸出に耐える製品の開発が重要事項であったことが窺える。はな橘誌上においても、機械導入による洋菓子製造、輸出向け菓子の製造、外国人向けの彩色などについて議論が交わされ、試行錯誤の中で多数の「折衷菓子」が生み出されていく。

①西洋菓子製造、機械化の推進

第二号に『菓子は重要物産組合法の範囲内に入るゝの必要なるは我輩の常に懐抱する意見なるが而かも當局者の之を感する事の薄きより京都菓子組合長谷口平兵衛氏は陳情の為三月廿三日東上し大阪の清水常次郎名古屋の岡本善藏氏も相共に上京せしが略好結果を得るの見込あるも未た發表するの機に至らず』とあり、菓子を重要物産組合法の範疇の製品としての認定を求める陳情を行っていた。同じく第二号には陳情と同時期に行われた大日本商工聯合品評会受賞者の記載があり、神奈川・相澤桝八のフルウツキャンディ、京都・福井新太郎のカステラ、京都・小川堂のパンといった西洋菓子が有功胴牌を受けていた。京都の菓子業界では積極的に西洋菓子の製造を推進し、他分野と同様に重要物産品として輸出を主とした国の経済政策に乗ろうとする気概がみてとれる。第八から十号には「仏蘭西麺麭の製法」を紹介していることからも菓子の範疇に西洋の概念を取り入れようとする姿勢がみられる。同時に「製造機械の導入」も薦めている。第一号の「巴里博覧會視察報告」から『器械の作用、器械も又斬新なり』『器械の作用、器械屋職人の手に爲るもの、菓子製造には全く無経験なる一の器械的職工を以てして敢て不都合を感せざるをみても其製造方法の極めて容易なるを知ることを得べし』の記載があり、第一、二号には「新式菓子製造機械一班」の図が挿入されている。少数手製で造られてきた京菓子に、輸出品製造に向けた「大量生産」方法の導入が迫られている。また、輸出向け菓子の製造には、「保存性の向上」のために「菓子容器の改良」が必要であることも議論され、第三号には練羊羹を缶詰にした製品（鳥取・廣谷竹藏）が明治34年10月の京都岡崎での五二會臨時品評会の出品品として紹介されている。しかし、『遠地に輸送するには鑵詰は適當ならんも店頭の小賣には硝子器を用ふる方尤宜しからん』と評されており、京菓子の「意匠」へのこだわりが垣間見える。

輸出向け大量生産を目指した菓子製造の機械化が推進される中、手製への執着もみられる。

『京の玉水堂のボンボンと同龜屋末廣の木々の露とを對比して月旦をしたが一は機械製で數万個を一時に調整することが出来る純粋歐風の品である一は味柑の實をむいた形にしてある日本風にて味柑の香氣を附けた印籠入りの風流なものである併し此は人工であるから玉水堂の如く大仕掛では出来ぬが應用といる點に付いては確かに妙があるだから甲乙交々長處あり結局日光に晒して貯蔵力を試したが何方も同じことであった』

菓子業の工業化については、1-2-1-③でも述べるように、駄菓子への着目という観点からも議論された。京都は長く日本の手工業の中心であったことは、西陣が日本の絹織物工業の中心であったことでわかる(19)。菓子生産の工業化はまったくの新しい発想ではなく、その素地は伝統的にあったが、他工業と同様に西欧の影響で新たに興る近代工業の中心になる地理的条件を備えていなかった(20)とみることができる。守安(21)が当時の菓子業界の工業化を「西洋菓子の内地品は急激の発展を見るに至り、漸く手工業時代を離れて、機械工業所時代に移ったのであるが、それは我國の菓子生産額中の約一割を占むるに過ぎない西洋菓子のみを謂ふのであって、他の九割は悉く在来の形式による菓子であった。」と記録しているように、日本の菓子生産の工業化は急速には進まなかった。このことが菓子生産の手製と機械性の良し悪しを冷静に分析し、それぞれの特徴を生かした生産体制の確立につながった。

②「彩色」への関心

輸出用すなわち西洋人に受け入れられる菓子の要素について、巴里萬國大博覧會の下見を報告した海外見聞記（第一号）、巴里萬國大博覧會視察談（第二、三、六号）を機に種々議論されている。第一号では『蓋し西洋菓子は菓子製法の未た進歩せさるもの乎、乃ち菓子に於ては西洋は確に我上代に在るものなり、而かも進歩したる我菓子國が、未開の時代にある西洋菓子を學び、而して之を競争せさるへからさるは、残念なる次第なり。』とし、あくまでも日本の菓子が西洋菓子より上質のものであるという認識である。しかし、続けて『確に、菓子の製法に於ては、我は確に彼よりも進歩せり……この進歩したる菓子を喜ふて食ふやと問へば、彼必ず之に躊躇す、而して其故を問へば、彼は着色に有害なるもの丶混せしを疑ふなり……』と記されており、日本の菓子は西洋人には受け入れられないことを認めている。その要因として日本の菓子には西洋菓子のように「着色」されていないことに注目している。第六号には『歐羅巴にても着色のことに就ては随分、骨を折る容子に御座候、有平の如きは日本にては大概紅白二色のもの多く候へども佛國などにては各種の色を配合して捻巻にしたるもの多く見受け候此等の繪の具を顏料屋にて問合し候處黄青赤の三正色を素とし之を混合して各色の間色に變化せしむる旨申居り候へども其元素といふ繪の具は悉く水繪具にて菓子にはどうも應用致し難く存候、而して彼等の製菓を見れば随分濃き色合のものも有之候へば表面上繪の具屋の云ひ居る三種の正色なる水彩の他に何か使つて居るにちがひなく存じられ候』とあり、菓子の着色材料への強い関心が伺える。

また、『元来日本の菓子は、煎茶なり、抹茶なりの茶受けとして作られたもので、菓子其物に香を付けるとか、一種特有な味を付けるとか云ふ必要がございません所から、原料の砂糖を多く使つて甘くすると云ふの外、別に作方がございません、所が西洋の菓子はそうでない、菓子に香をつけるとか、一種特別の味を付けるとか云ふことが、菓子屋の技倆と爲つて人知れず印度邊から香料を取寄せて香を付け、夫で賣出して居るといふ有様でムいます、……我々は西洋風の菓子を好む様になるだろうと存じて居ります』(第二号)との投稿もあり、西洋風の菓子が今後日本でも受け入れられるという予測もある。そして、第三号で『外國に向くもの、内國に向くもの、外國内國両方に向くものあり、……早く外国と取引の志を振ひ起し、澤山の同士を翕合して、資本と才能とを出し合ひ、同心協力して、菓子の発達と、製造法及取引上の進歩とを計らるべし。』という呼びかけが記載され、外国向けの菓子の開発が国内の菓子業界の発展に寄与するということが認識された。その結果、西洋風の菓子が種々製造されたようであるが、その賛否が次のように議論されている。

『海外に向け眞の日本魂の價値を世界に輝すこそ實に我等國民の義務であらうと思うのである、即ち内地の博覧會品評會共進會などは其演習であってこれに賞與を争ふて徒に私欲姦策の媒介場の如く心得るのは誠に嘆かわしきことではないか』（第二号）

『外國に向くもの、内國に向くもの、外國内國両方に向くものあり、種類よりして言へば、上菓子駄菓子と區別も出来、蒸菓子干菓子羊羹類等の種目を立てることも自在なるべし、……輸出菓子の製造と取引とに関する事項なり……早く外国と取引の志を振ひ起し、澤山の同士を翕合して、資本と才能とを出し合ひ、同心協力して、菓子の発達と、製造法及取引上の進歩とを計らるべし。』（第三号）

『一意材料を歐風に採り之を咀嚼して國風の菓子に應用することに心掛け候へども……間の菓子抔との誹りを受け候へども小生は此等の世評に就いては豪も意に介せず……』（第六号）

『歐羅巴にても着色のことに就ては随分、骨を折る容子に御座候、有平の如きは日本にては大概紅白二色のもの多く候へども佛國などにては各種の色を配合して捻巻にしたるもの多く見受け候此等の繪の具を顔料屋にて間合し候處黄青赤の三正色を素とし之を混合して各色の間色に變化せしむる旨申居り候へども其元素といふ繪の具は悉く水繪具にて菓子にはどうも應用致し難く存候、而して彼等の製菓を見れば随分濃き色合のものも有之候へば表面上繪の具屋の云ひ居る三種の正色なる水彩の他に何か使つて居るにちがひなく存じられ候』（第六号）

『何でも輸入を防ぐものとか輸出の出来るものでないと駄目だといふので重に歐風の貯藏菓子を揚げられたゞから趣味だの嗜好だの意匠だのといふことは二の丁に置た説であつた（第七号）』『博覧會の趣旨は、國家経済を主眼として制定したる説なり』（第八号）

③折衷菓子の賛否と駄菓子への着目

西洋向けの菓子の開発過程で、西洋菓子の要素を日本の菓子へ取り込んだ欧風の菓子、いわゆる和洋の「折衷菓子」が種々紹介されている。これに関して、次のような議論がなされた。

『思ふに日本菓子には、日本菓子の特長あり、西洋菓子には又西洋菓子の特長あり、もし其長を擇で之を折衷し得れば、之より結構なる事はなからんも、扨この長を取るといふは匆々六ヶ敷事にして、行ふべからず、唯製造法をチャンポンにした計を以て和洋折衷抔といふは抑誤れるの甚しきものにして、如此は双方の長所を失ひたるものと謂つべし　而して我邦に於手今專ら行はるゝはこの所謂和洋折衷菓子にして、眞の折衷し得たるもの甚稀なり我家にも又折衷菓子を作り居るも、其眞の折衷菓子といふへきに至らざるは窃に慚愧に堪へざるなり』(第二号)

『菓子改良について　近頃識者間に於て我日本菓子改良を促すの説あり其説大概、本邦菓子をして歐風に化せしめんと云ふもの、如し、説の當否は暫く措き此種の説一派の輿論となりつゝあるを見れば我が菓子業者たるものは此の問題を聴て黙過すべきにあらず、然らば如何なる措置を以て此の問題を迎へんか　卓上の空論、局外者の批評　爲んぞ俄に實務を左右せしむるの價値あらんや、之を論じ之を評するは實業家が實践に加かざるなり、妄りに彼我の優劣を論ずるは野暮なり、洋の東西を論ぜず由来菓子の正面は如何なるものなりや而して如何にせば完然なる菓子を製し得るや、將た之を鬻て需用の途に適するや等の點に就て當業者が實践に徴し之を鍛究せよ　之が鍛究を遂げ得たる日　即ち此の問題を解決せる日にして而も方に　斯業が進歩の第一階級を超ゆるの時なり、而して之を鍛究するに亦法あり、他なし本紙を借りて當業者諸氏が處感を掲げ甲乙相論究し上下相拾捨其粋を抜き華を摘み以て製菓技術が漸進の歩調を定むるにあり文の秀否は論ずる處にあらず説の秀否も亦拾捨すれば可なり、當業者各位よ妄に所感を惜なく亦たおつくうがることなく我が論壇を賑はせよ而して得る處あらば獨り本邦製菓の面目のみならざるなり矣』（第五号）

『此頃日本菓子に就いて諸説あり、論衆く歐風菓子を賞揚せり予之を聞て未だ俄に是非を辨するの明なし』（第五号）

『近来日本菓子の改良説が囂ましい其説の大略は日本菓子は香料を入れず滋養分に乏しく單に甘きに過ぎて腸胃に害あり殊に茶と並び行はれて菓子の獨立が出来て居ん

傾きがあり、多食すれば胸にもたれるから折角の美味も澤山喰へぬ等を持って缺點とせり、……歐人の評説を借りて日本菓子中あるものは單に砂糖に飾装を附したものに過ぎないとまで極論せられた……日本菓子界に於て有力なる輿論であるといふことを認め得られる』（第五号）

『菓子は元来食物なりされば、其風味を専一とするは當然のことながら亦た其形状に就ても注意を用ひざるべからず、併し乍ら前両者より層一層注意を要することは衛生と滋養の両途に就て充分撰ぶ處なかるべからずと存、種々取調候處、日本の菓子は、米、麥、芋、豆を重なる原料とし之に加ふるに砂糖を以てし或は鶏卵を加ふるものあれども少数の物に使用するのみにて、之を西洋菓子のバタ、ヘット、ホルト、アマンド、など云へる脂肪分を用いて製れるものと比較致し候へば遥かに衛生滋養の點に就ては缺くる處これありと存、則ち其頃より歐風菓子に意を注ぎ候、併し乍ら國に依って其風俗の異なる點も鮓からず候へば穴勝ち彼の製を移して我が本来の面目を失し候は屡々花橘誌上にも御掲載相成候説と同感に之有候』（第六号）

このような議論の最中に、京菓子の業界では表に出ることのなかった「駄菓子」

に関する投稿も見え始める。駄菓子（雑菓子）は輸出にふさわしく、元来折衷菓子であったとの視点である。

『自から菓子を論ずるは上菓子に限れるか如くなりたるは今日の趨勢なり、以是博覧會共進會の審査に任ずるものは常に雑菓子の匠より出でず、博覧會共進會の出品亦上菓子其主位を占む、雑菓子豈然かく賎しきものならんや、雑菓子匠の人材豈然かく空しからんや、之を米に譬ふるに雑菓子は粳なり、價廉にして尤廣く用ひらる、上菓子は糯なり、時に應して賞用せらる味頗甘なり、米を論ずるものは粳を先にし、菓子をいふもの糯を先にす、主客顚倒是よりも甚しきはなし……古代菓子の遺製を今に見るは雑菓子に如かず』（第一号）

『我國の駄菓子は恰好の輸出菓子となるべし』（第三号）

『一般世人も駄菓子をば菓子中にては下層のものと蔑視して居る……海外までも輸出のできるのは我等が方にかぎる……此の男らしい駄菓子を二流に置て婦女子的の上菓子に重きを置かるゝ君達は實に聞へないも亦甚だしい』（第四号）

『雑菓子界の近況　西洋風の菓子が近頃一般の流行と成り掛けで来ましたが我が雑

菓子界には夙くに此の種の菓子は製造して居ます……今俄に歐風滋養とか六箇敷題名を振り廻さんでも昔から吾邦にも其製はチャンと存して居るのです』（第五号）

『雑菓子改造の必要』（第九号）

保存性の高さ、大量生産が可能な点が輸出用に向くとして、また、色彩感が西洋人向けとして駄菓子（雑菓子）に関心が向けられ始めている。上菓子が日本の菓子の主役であり、菓子文化の中心が京都であった時代から、駄菓子の生産が盛んな東京に菓子文化の中心が移行するきっかけがこの駄菓子への着目であったとも見てとれる。

明治18年（1885）6月4日大蔵省指令の菓子税では『鹽煎餅、飴、汁子（懐中汁子ヲ除ク）團子類、餅類（葛餅、桜餅、大福餅ノ類ニシテ砂糖餡ヲ包ミタルモノヲ除ク）食麵麭、氷砂糖、白玉、心太、寒天（甘露糖ヲ除ク）切リ揚、眞粉細工、干柿、氷菓子、砂糖漬ノ内糖汁ニ浸シタルモノ、類ハ菓子ノ範圍外トス』としており、砂糖を加へざる菓子に対しては菓子と見做さない[22]。黒崎[23]の菓子税の負担率の地域別動向の分析によると、東京では最高年度の出現するのが最低年度より前、大阪、京都では中核都市だけが突出傾向にあり都市部以外の郡部は低い負担率であった。東京では菓子税での菓子の範疇外とされた物すなわち駄菓子の消費に移行し、大阪、京都でも上菓子屋の分布している都市部では菓子の範疇にある菓子を消費するが、それ以外では東京と同様に駄菓子の消費へ移行していく傾向にあったといえよう。和菓子関係の年表(24)からも、当時の東京で流行していた菓子は汁粉屋、アイスクリームといった菓子税の対象外の物であったことが窺える。

このように、菓子の消費動向が駄菓子へ向かっている状況と、輸出向けの菓子の生産性向上の必要から、菓子業の工業化の議論も行われた。

『内國勧業博覧會の全体の趣旨は殖産工業の奨励であるが我が邦菓の今日は未だ夫等の域に達して居ない』(第七号)

『矢張り諸般の工業と同様に進んでいかねばならぬ進むには學問が必要で學理を應用する事に氣附かねばならぬ』(第八号)

『他商工業に比して未だ遅々たる感あり』(第十一号)

『所謂菓子の改良について(一)自然淘汰によって成功する場合(二)偉大なる人の頭脳によって成功する場合(三)制度に依り團躰に依り研鑽攻究せられたる結果、

所謂理想と實際とが調和を得たるの時に於て成功する場合是なり』（第六号）

1―2―2　意匠に関する議論

菓子の彩色、菓子製造の工業化を議論し実験的に実践されていく中で、上菓子と駄菓子を差別化し、上菓子の改良を促進するべく、各種品評会が開催されたが、菓子の食品としての要素を軽視していく傾向にあることに警鐘を鳴らす議論が起こる。博覧会出品品への評価に次のような指摘がされた。

『菓子と云へば食品であるから、固より美學に属すへき物では無い。けれども其の色の取合せから、意匠の好みから、之を調整するに當り、審美の學に待つものが多くある。是れ茲に余の筆を執る所以にして、京菓子の名譽ます〳〵世に知られんことを希望するのである』（第一号）

『故に味と云ふものも、直接美術の中へ入ることは出来ないけれども、間接に美術の一種である詩學の中へ入れられる。……工藝を施して必要物の品位を高め……干菓子は其色彩の配合宜しきを得て、眞物に最も近き細工を以つて最も善く發達進歩せる

ものとなす』（第一号）

『何も意匠彼も意匠と、下らぬ工夫に迄意匠〳〵といふ事、尚は工藝品と美術品との區別を忘れたるが如きは今日の事實なり……意匠といふ以上、必美術的趣味の包含を要するは勿論なり、……只菓子屋に於て、始終六歌仙とか、飲中八仙とか、虎渓三笑とか、七高僧とか或る名數的事物を題として、一組の菓子を製造し、進物用に應用すれば、今の進物用のたゞ一個の意匠なるに比して、頗る妙なるものあらんと信ずるがまゝ、試に六歌仙一組の愚案を作る』（第一号）

『菓子は食物でありますから第一菓子を一般の人が観たら直ちに是を喰てみたいといふ感じを起さし、口に入れた後に旨いといふ言葉を出させ、猶進んで此菓子は是迄口にした菓子より一種特別の妙味があつた、最一喰ひたいといふ感情を起さしめれば、菓子の為、否菓子屋の為に不利益であるに相違が無いのです、處が従来より干菓子をいふ物は多く眼に美感を與へしむるを目的とし、口に味はふを目的とせなんだ様な習慣がありますから、遂に干菓子は箱入の儘で観るに止まる様に考へて置く客人も世上にはある様に思ひます……干菓子の全部が喰ふといふ目的より観せるといふ目的に造られた様に感じ浮かびました』（第二号）

『博覧會むきの特製品を製らへて審査に掛け優勝を希ふ人がある……』（第五号）
『菓子大鑑編纂に関する懸賞圖案審査報告　概ね其圖畫巧みにして之を友仙、織物、蒔畫等に應用せば好適なるもの多かりしと雖、如何せん、之を菓子としては其製作に困難なるもの多く、爲に折角の奇想妙案も、之を採る事能はざりしもの比較上多かりしは頗る遺憾なりき』（第十一号）

西洋菓子の要素を日本の菓子に取り込み、菓子改良を検討していく上で着目していた彩色についても議論が起こっている。

『元来着色なるものは原料の色にて配色の不足なるを分を補弼する為に用ゆるものにて、成るべく其菓子を美味さうに見せ以て食欲を起さしむるの媒介となす為に供せらたるものなれば雑菓子は知らず苟くも中以上の菓子には店に置きて菓子のみを見た時の配色よりは寧ろ一歩を進めて容器に盛る時の配分迄をも豫じめ考慮を廻らし菓子に配色を施す中の一歩を容器に譲り置くが如き趣向を要することも亦鮮からざるべしと存候……餘り菓子に配色を盡すは却つて妙ならざる感を抱き候……』（第六号）

『彩色について　京菓子といふたら滋養を以て歓迎されてるに違ひないが其味は食べぬとわからぬたべさせねばならぬたべさせるには人の感情を惹かねばならぬといふ寸法になるので、人の感情を惹くには美だ麗はしい定めてたべたらおいしかろうと思はせねば成らぬ、夫を思はするには形状と模様と彩色にあるので形が悪くても厭がる模様が不間でも欲からぬ色が變痴奇では尚食べたがらぬ……近来は衛生談が八釜しくて顔料の取締も厳重だから昔の様な色合は用ゐぬ様になった、審査上にのぼった作品を見れば皆な淡白な色となって殆んど白く淺く成つた、ガ是は審査にかゝる程の品ゆゑ淡白なものが出るに極まつて居る不思議にない、ナレド場内千七百餘點をズイと見渡すとまだ〻明治以前のものがドッサリ残って居る、シテ見ると衛生談がやかましくても滋養の世話が屆ても地方に依りては、イヤ〻地方でない現に京都の京菓子の本家でも見るに嫌なものが數多ある、是は是非改めたいものだと思ふ、衛生家にいはすれば菓子の色といふものは無害の顔料を遣には唯害はないといふ計り、ダといふ點に止まるが彩色屋にいはすと色は大切だ人の目を惹く賣れ口に係る食欲感たいといふ念を起こさすといふのが根據になる、菓子屋は賣れてたべて貰へば濟む跡注文が追ひつゞけに満足と来るから唯だ眞白けな斗りでもいかぬ、美しい麗はしい、トの念慮を越さすには赤でも青でも用ゐねばならぬが夫を遣ひ過ぎると又た厭棄心を起さすから困る、夫には色の配合が大切であろうと考がふ、……』（第八号）
『彩色について　完全調和　類似調和……コンナ事いったとて色の標本がなくては到底諸君の會得を買ふ事はならぬ、』（第九号）
『色彩について　菓子部の審査に就ては顔料繪具を以って着色とせる菓子は悉く之を排斥せられしと云ふ、由来彩色を菓子に施すは其色形を美麗にして食慾を喚起せしむる一種の手段として欠くべからざる具とせり、然れば政府に於ても茲に見るあり、……其使用すべき底度を教示せよ』（第十一号）

工業化、彩色を否定するでなく、菓子は食品であり、食べたいと思わせる美しさをも足せる、すなわち材料や色彩の調和の重要性、命名や形状での菓子の美しさ、おいしさの表現方法の重要性を唱える投稿もあり、反工業化、反着色といった極端な傾向に走らない菓子業界の冷静な対応が見受けられる。

色彩の議論と同様に、材料の取り合わせや銘に関する議論も「調和」の重要性を示すことになった。

『菓子短評一二　昆布の砂糖漬にして……味全く昆布其物に異ならず之を直接菓子に應用したるは甚面白し……昆布羊羹……賞歎に堪えず……海膽煎餅……カルルス煎餅應用のものにて味淡白に殊に海膽の味を其儘にあらわせるは甚妙なり』（第三号）

『菓子に果物を應用したるもの大分見えたる様なるが、一体此果物應用といふことは宜しきことなれど、土地と品種とに注意せざれば、或は不経済のものとなり、……可成其特産地に於て之を為すを可とす、然れども地方の特産物なりとて其物の性質如何を顧みず、一概に之を菓子に應用せんとすれば長崎の某出品の海膽煎餅の如き奇怪なる菓子の製出を見るに至ることあらん、……細工菓子とでも名くべき生砂糖、片栗製の菓子を見たり、然れども其細工余りに玩具的にして……』（第三号）

『昆布羊羹……何でもかまわん喰へるものなれば喰よをに製して喰へばよい併し何にでも調和といふことがある此の調和の適當でないものは如何に原料を選んでも駄目だ、此は天然の味をいろ〳〵合して嗜好に適するよをに調へるのである食料を製するには此れが一番大事である此羊羹の如きは今少し調和が出来て居ん昆布なれば牛皮昆布位までは目下製造では調和が出来て居るようだ』（第七号）

『趣味菓子の中に……其技術は實に立派なもので一見眞物と異らぬ程であった併し折角の腕前も菓子としては應用のしどころが少々間違って居る』（第七号）

『邦内の菓匠頗る多く家々皆特長とする處あり況んや土地風俗に依って其形状に多少の異同あるに於てをや、されは是を単に意匠家の考案と如上の實物とを抄寫せるのみにして稿憚りとするは頗る鹿漏を免れる、能はぞ、』（第八号）

『日本の在来名詞を附けんよりは寧ろ奇なる外国語を以て呼び候へば賣れ口も値段もよろしかるべく存候へども購客をして弊地の名物鵜飼を并知せしめんと存じ命名致したる次第に之有、其他アマンド、マコロンを日本の落花生にて製り、舶来のメレンゲを應用して雪達磨と號する菓子を製りたるが如き皆此の例に有之候』（第六号）

『配色に次いで注意を要するは命名と形状に御座候名にては猫の糞だの蛸の足だのと云ふ様な名は可成改称致し度く存候、形状も亦た然り同じくは教育的にも應用出来得るものなど尤も好ましく存候』（第八号）

1―2―3　嗜好性以外の要素の取り込み

守安[25]によると、『洋菓子輸入が与えた大きい効果は二つあった。一つは製菓材料の化学的統一、他の一つは衛生思想の発展とであった』という。この指摘が『はな橘』誌上の議論にもみられる。

『元来我國の菓子商は、購客の意に適せん爲、我販路を擴めんか爲、終には糖分の何物たるかを知らす、人身衛生上の利害如何を問はず、許多の有害品を販賣するもの間これあるに至れり之か匡正を見むること實に容易なる業にあらす、當業者宜しく滋養の資料なる鶏卵、薯蕷、葛、片栗、豆、小麥等の國産を専用し、自然と購客をして其滋味に馴れしむる事を務むへし、故に其大綱を擧くれは衛生を以て第一とし、之に次くに貯蔵の効あるを良とす、……其健康を害するに至らさるものは、宜しく資て以て材料となすへし、此等の資料を以て菓子を製造し世の需用に供するに至りしは、菓子も亦衛生の一端なる榮譽を得むも亦知るへからす』(第一号)

『菓子に日附のこと　同業者より賣出す菓子に製造日附を記するのは其効益少からず大阪福嶋宗助氏の如きは廿二年一月一日より實行して今に繼續すと云う』(第二号)

『料理法と消化時間、サッカリンの使用に就いて、果實の醫効、鶏卵の香氣と飼料との関係、單食物としての砂糖の効用』(第三号)

『日本菓子は香料を入れず滋養分に乏しく單に甘きに過ぎて胃腸に害あり殊に茶と並び行はれて菓子の獨立が出来て居ん傾きがあり、多食すれば胸にもたれるから折角の美味も澤山喰へぬ等……』（第五号）

『菓子は元来食物なりされば、其風味を専一とするは當然のことながら亦た其形状に就ても注意を用ひざるべからず、併し乍ら前両者より一層注意を要することは衛生と滋養の両途に就て充分撰ぶ處なかるべからずと存、種々取調候處、日本の菓子は、米、麥、芋、豆を重なる原料とし之に加ふるに砂糖を以てし或は鶏卵を加ふるものあれども少數の物に使用するのみにて、之を西洋菓子のバタ、ヘット、ホルト、アマンド、など云へる脂肪分を用て製れるものと比較致し候へば遙かに衛生滋養の點に就ては缺くる處これありと存、則ち其頃より歐風菓子に意を注ぎ候、併し乍ら國に依って其風俗の異なる點も鮓駆からず候へば穴勝ち彼の製を移して我が本來の面目を失し候は屡々花橘誌上にも御掲載相成候説と同感に之有候』（第六号）

『菓子の衛生（一）　菓子に就き衛生上大躰の意見は菓子業者に對しては眞に申憎いが菓子は衛生上必要なる物で無い而巳ならず有害無益の物品だ、要するに一つの嗜好品たるに過ぎぬのである。然し甘味を嗜む人は世間に非常に多い衛生上有害無益の品だからとて多數の人の嗜好を無視することは出来ぬ。……可及的菓子の害を少なくし終には全く無害の物となし一方には漸次有駅益の物とするの方法を講し手段を廻らすは菓子業者と衛生學者と提携して爲す可き事である。斯く為すは衛生學者の學術上の責任菓子業者の職業に對する義務である。……菓子の害と云へば種々あるが左の如く類別する事が出来る。本來の害　砂糖即ち蔗糖の害　附随の害　色素の害　製造器具より來る鉱物性毒物　腐敗の害　傳染病毒傳播の害……』（第七号）

『菓子を一々紙に包み封白緘をしたるは衛生の點からみればいとよし箱などの体裁も却って時世後れだけに氣ざな所がなくてよい』（第七号）

衛生観念が菓子業界へ普及するにつれ、日本の菓子の芸術的表現との矛盾が浮き彫りになりになってくる。守安[26]は、京都で発展した観賞用京菓子について次のように述べている。

「茶道は東山時代の趣味をそのまま表現したものであるから、茶道に伴って発展した点心が京都趣味を代表した菓子になったのも当然であったが、政治的に京都が衰退していったのに反比例して、この菓子は趣味本位の方向にむかって独自な発展をしていった。したがって、趣味本位の菓子が濫觴であり、また中心でもあった。有職故実に重きを置き、鑑賞をとうとび、優美典雅堂上ふうの古典に調和した意匠に凝り、菓子銘までがすべて、短歌、俳句、花鳥風月に結び付けられた。上菓子に引菓子に「舞鶴」「朧月」「松風」「嵐山」など自慰的題材の元に、静寂、閑雅、幽玄、象徴などの東洋思想的は日本趣味を代表した鑑賞的な表現であった」

衛生観念の絶対視が観賞用京菓子という菓子文化の一端を崩壊させる危惧の念についても、『はな橘』では言及している。

『衛生の重んずべきを知れり其實用的の必用なるを知れり只彼れのみに厚くして之れを排斥するが如きは其の發達に大なる障害を與ふるのみならず遂ひには幾百年の歴史を有する一種の美術的製菓をして全く其跡を絶たしむるに至らんかを恐るる』（第一号）

その他、嗜好性以外の要素の菓子への取り込みに関して、『はな橘』誌上で議論された事項には、当時の背景が反映されている。
明治42年（1909）、東京三越にて児童博覧會が開催され、その目的は「明治今日の新家庭中に清新の趣を添えんことを期する」とされている。その内容は欧米のことをかなり意識しつつも、必ずしも欧米一色に染めることは考えていなかったようである[27]。子供への新しい家庭教育方法が注目されている社会風潮が伺え、菓子業界でも「教育菓子」なるものが考案されている。

『煎餅の裏に古訓を書き表に櫻蜻蛉の圖を畫いたのは教育菓子とでも云を丶か至極好案』（第七号）

『教育的に應用出來得るものなど尤も好もしく存候弊店の製にては大和心などは聊か思を此處に寄せて製造致したるものに有之候、ビスケットなどにも可成歐文を書かずと邦文にて教育的の意味せる文字を同じくは書き度存候』（第八号）

種々の新提案が実践されていく中で、菓子にこれら嗜好性以外の要素を求めることの賛否も議論されていた。

『近頃滋養といふ名の菓子が澤山出來たが頓んと好もしうないことである菓子で滋養を求めようといふのは兎ても六ヶ敷、滋養をもとめるなれば他にまだまだ立派な滋養物がある目下の菓子は滋養どころか責めて衛生に害がないまでの程度にまで成ればよいと思って居る位じや、亦菓子に薬などを入れるのは餘り面白うないことである別段菓子の中へ無理に薬は入れずとも薬は薬で別に飲めばよいじやないか、なまなか衛生だの滋養だのといふ口演を附けるから、此れを穿き違へて却って滋養にも薬にもならぬものを澤山喰て胃を損んじたりする間違が起こって來るだから菓子は何處迄も菓子で通して欲しい』（第七号）

1−2−4　菓子研究の組織化

元来家内手工業であった菓子屋も、西洋菓子、駄菓子の流行や輸入向けの菓子の開発などの機運に押され、菓子屋間での情報交換や共有の必要性がうたわれ始める。菓子の図案や製法を公開し、競争することを通して品質や芸術性の向上を図り、技術を伝承することを目的として、この時期、多くの博覧会が開催された。

『はな橘』には、京都御苑内博覧會（第三号）、内国勧業博覧會（第四、五号）、大阪商工組合勅題菓展覧会（第四号）、全国生産品博覧會（第五号）、大阪府下菓子品評会（第七号）、香川県菓子品評会（第七号）等の案内や審査結果などが掲載されている。中でも、平安遷都千百年祭となる明治28年（1895）勧業博覧會は大規模で注目された博覧會であるが、京都独自で行われたわけではなく、役員構成、財政の上では全国規模のものであり、皇室が前面に出ていた(28)。

菓子業界は京都の菓子文化を全国に再認識させる好機会として積極的に博覧会を推進し、これに準じる品評会を多数開催していく。品評会が頻発されるが、その審査結果には不満も寄せられ、第十一号には審査基準の明確化を求める陳情書が出された。


『陳情書　……将来に於ける同業者が製品の方針を指導すべき完然なる審査の標準を請ふなり　我邦菓子の現状を見るに其製東西両洋に渉りて、其種類頗る混亂せり……』（第十一号）

また、図案集の刊行を目指し、図案の投稿を呼びかける記事が掲載された。

『菓子畫報　今度品評會に集まった菓子中の良いもの、大日本菓子協會の考案になれるもの其他模範となるべき種々の菓子の畫を集めて彩色刷の帖となし出版せんと計畫せるあり品評會出品中の下畫は既に調のひ此程編輯局へ照會せられたり執れも一見の價値がある』（第七号）

『懸賞菓子圖案募集　曩きに菓子畫報模様を上梓して大いに同業者の喝采を博したる京都藤澤印刷店にて今回菓子大鑑と稱する一大見本帖を發行せんとするの擧あり、其原圖は斯業に精しき先輩學者意匠家の考案に成りたる新式のものと京菓子中の古來著名にして完然なる形式のもの及び嘗て二回品評會の出品中形状の模範とするに足るべきものを臨寫せるものなどにて粗は其稿は成らんとせり、然りと雖も帖名の如く菓子大鑑として邦菓の好範模を大成せんとするには未だ完備せざる處あり、其所以は邦内の菓匠頗る多く家々皆特長とする處あり況や土地風俗に依て其形状に多少の異同あるに於てをや、されは是を單に意匠家の考案と如上の實物を抄寫せるのみにして稿早

りとすは頗る鹿漏を免る丶能はず』（第八号）

旧来、秘事的に扱われていた図案の公表の呼びかけであったが、予想外に投稿が多くあり編集作業に手間取るために締切が延期されるほどに菓子屋の情報公開の気運は高まっていた。

『菓子大鑑　前號本欄中に掲し京都富小路錦上る藤澤文次郎氏發刊の菓子大鑑編纂に就て懸賞募集の意匠は十一月二十日投案〆切の筈の處投案者非常に多く且つは年末年頭に際し、御題新年菓等にて菓子業者多忙の際なれば〆切期日を來る三十六年一月三十一日迄延期すること丶なれり』（第九号）

第十一号には「菓子大鑑編纂に関する懸賞圖案審査報告」が掲載されてるが、前項に示した意匠に関する賛否がこの報告にも色濃く現れている。

『菓子大鑑編纂に関する懸賞圖案審査報告概ね其圖畫巧みにして之を友仙、織物、蒔畫等に應用せば好適なるもの多かりしと雖、如何せん、之を菓子としては其製作に困難なるもの多く、爲に折角の奇想妙案も、之を探る事能はざりしもの比較上多かりしは頗る遺憾なりき』（第十一号）

この図案集が発行されたかは不明であるが、『はな橘』の発行人である小西大東は明治34年（1901）「新菓子図案」の創刊にかかわり、明治37年（1904）には『菓子画報』を編集している。

同時に、菓子製法の伝承を目的とした研究会や講習会開催の記載がある。

『菓子研究會　第五回内國勧業博覧會出品菓子研究会　名古屋市門前町愛知縣博物館ニ於テ開會ス』（第八号）

『單期製菓講習會設置に就て同業者には商る京都の老舗には一定の店則あり幼年より徒弟として養成し成年に至って所謂家の布簾を興へ別家營業をなす事を冀望する者にあらざれば此を容れざるの風あり、殊に中年の流浪者或は他より渡りの職人は其風儀と店則を損なふものとし、決して雇ひ入れざるを以て其習慣とせり依って協會は如何に此の至誠の熱心家を懐ふと雖も此を紹介する事能はざりしなり、然りと雖も、斯く熱心なる我會員諸氏が素志をして何時迄空しくなさじむべきにあらず、依って這般三四の老舗と交渉し日々一定の時間を定めて各家々の特技とせる課目を分擔して傳習する簡便法を設け此か賛同を得たり……』（第八号）

京都の菓子屋の閉鎖性を打破使用とする画期的な試みであったが、これは図案集への投稿の積極性とは相反して、応募は芳しくなかったようである。

『製菓講習所　未だ定員三十名に満たず』（第九号）

この状況を踏まえてか、同号に『製菓獨習法』（第九号）が掲載され、菓子屋の修行の形態にいわば「自修」を容認した形になる。

1―2―5　菓子の地域性への着目・地方の菓子文化の評価

上菓子（京菓子）対西洋菓子、京都対東京の風潮の中、地方の菓子文化への言及も記載されている。種々開催された博覧会等には京都、東京以外からの出品もあり、『豊橋の豊おこしは流石に高意匠である』などと高く評価された例もある。地方からの投稿で地方菓子の状況も紹介されている。一例として、第三号「越路の音信」に『長岡の越の雪は其名と共に四方に知れわたりて、先ず縣下の巨擘であらう。其他新潟の炒豆製の菓子、三條の庭砂糖、練羊羹、新發田の養生糖、彌産糸魚川の柚菓子などが、梢頭角を抽んでたる側で、何れも其地方の産物として、慥に旅客の鞄を肥すものである。……』との記載がある。

また、地方の菓子屋はその地域の産物を材料にした菓子を創作し、家内生産による特有の菓子の形態を為している点に注目している。さらに、一時の需要を満たすために菓子屋間での模倣を繰返し、同一の器械を用いて同一の菓子を製造することを戒めている。輸出菓子、西洋菓子の開発、大量機械生産が推進される中で、日本の菓子の特性に適応していた明治以前の上菓子屋の製造、営業形態の利点を再認識する傾向が見受けられる。

『菓子は素菓實の變体に發達したるものなるは、今更に云ふに及はじ　世界各國皆特有の菓實あり、各國更に地方特有の果實あり、従て各特有の美味を有す、……若し菓子屋にして、在来の見本帖は師範とし、他家の製菓を模擬し、一時素人の需用を満すこと、獨製造器械が同一の器物を作ると同一即一の製造器械を以て自任し安心すべきものならば、卒知らず、苟も一家を為し、製菓子匠を以て任する以上、其特有の菓子を作り、一は以て家名を揚げ、一は以て需用者の嗜好を新にする事を勉めすんばあらざるな也』(第三号)

『越路の音信……あらゆる種類が店頭に陳列せらるゝ丈、それ丈一家特有が甚だ乏しい。……』(第三号)

1―2―6　上菓子の特異性の再認識

社会状況が東京志向になる中、前項のように菓子は地域文化の反映であるとの見識も示された。京菓子もそのような「地域」文化のひとつであるとの見方をすれば、その歴史背景を前提にして培われた京菓子独特の文化を再認識し、改めて他の地域の菓子との差別化を図ることが重要であるとの境地に至る。これで明治期からの菓子業界の混乱の中での京菓子の立ち位置と今後の方向性が明確になったといえる。

社会情勢も、東京中心主義でありながら、京都を中心とした旧慣を尊重する意識に変化はなかったようである。高木(29)は京都と東京の関係を皇室儀礼の遂行の点から次のように述べ、旧慣保存が当時の共通認識であったと分析している。

「「旧慣」保存は西欧の先進国に比肩すべく、皇室の権威の仲張を意図したものであった」「国内的には人心収攬……人心収攬を行うため、書画、相撲、諸礼式、能楽、挿花、茶の湯などの技芸保存の中心となすべきことを説く「旧慣」保存が決して突出した議論でなく1880年代に共通する認識であった」

さらにこの分析を受け、岩井(30)は「京都を中心として培われてきた「旧慣」を尊重しなければ伝統を支柱とした天皇による国民統合は困難であった」と言及している。菓子業界においても旧慣保存の認識は同様であり、榮太楼の店名に関して「町人の分際で楼の称号を僭称するのは鳥滸しいと京都嵯峨御所からきつい咎めがあったが、これはなにがしかの冥加金を納めて許された(31)」という事例がある。『はな橘』誌上では、京都の菓子屋の気高さへの反発もみられるが、京都の菓子屋、菓子の需要は独特であることを示している。

『京都の菓子屋の主人達は何時もお蚕の着物をきて、ぞべり〳〵戸暮らして居られる處を見ると丸でお醫者さんか、辨護士か若くばお茶亭かと思はれる位なり』（第四号）

『若狭屋の出品が見えぬ……幼稚な勧商場的博覧會はお對手成さらんのか』（第五号）

『京都では比較上歐風菓子が賣れぬ夫は他に彼れに代ふる菓子が澤山あるからである。何でも全部輸入を防ぐ考えにて、努力居る、其間に國風の菓子にて外國人の嗜好に適する菓子を造り輸出しよをといふのである、けれども目下の儘にては満足して居られぬ』（第七号）

上菓子屋と宮廷の関係が明治期にも引継がれ、上菓子（京菓子）の特異性を示すものに「献上菓子」がある。当時の献品規定では、「新たに発明したもの、外国の模倣品、国際的に評価を得た品、古い銘器、古文書、有益な図書、八十歳以上のものが耕職した米穀綿布の類などを進献の対象としている[32]」としており、「国際的」「新しい」ものの評価が高かったことと並列して、「古いもの」の価値も認識されている。

『はな橘』誌上には、献上菓子は上菓子（京菓子）であるべきであることが菓子業界の共通認識であったことが窺える。

『東京なる高等官の人々が來訪したときに京菓子にて茶を参らすればいと珍らしとて殊の外に賞する人多く中には斯種の菓子のある事を今迄知らざりしを悔ゆる人さへあり、百珍菓献上の事は如何にも殊勝なる事ぞかし我協會よりして此を奉らば予は其勞を探らん……』（第八号）

『大阪府下菓子品評會席上の話に全國にて百種の珍菓を選抜し此を當時來朝せる呉氏に寄せて清國皇室に献上せんなど……』（第八号）

『百珍菓献上　京都市に於て秋期末迄虎列刺病流行し御西行の車駕さへ御駐輦御見合せと成りし程なれば此際一時献上を延期し來春青陽永日の時を期し再び此を發起せんと欲す』（第九号）

『邦菓の名譽　睦月はじめ暹國皇太子御入洛の際、某貿易商會より花卉を模せる干菓子を献上せしに殊の外殿下の御賞に適ひ其製作品の光影を見備はさんとの仰せ事あり』（第九号）

『京菓子上覧　春風駘蕩の春、九五西都に幸して、浪華に博覧會を鬻はさんとす府聴會々、管下の製産品天覧を請ふ、依て之を禁中に召す則ち我が菓子業者中に於ては若狭屋元茂（高濱平兵衛）龜屋良則（今井清次郎）汐路軒元親（谷口平兵衛）三家に下命あり』（第十一号）

『本部取調参考出品　協會本部は奮臘十一月以來奮禁裡御厨子所御供所の奮記及び諒暗中の御供物御膳等の調査をなせしが有職の調　理供物の式法に於ては温故知新の材料として見るべきもの尠らず、依て其の中、左の三種を選んで京菓子商組合が参考出品として博覧會場に陳列したりき　高貴御前島臺盛　松の打枝籠物一臺　金八角桶盛一供　鳩備菓御供二供』（第十一号）

献上菓子の議論は、菓子の「用途による使い分け」の提唱につながっていく。

『客用菓子と日用菓子　客用菓子は形状に於て色彩に於て又その意匠に於て大に用ひざる可からずと雖も日用菓子に至っては味ひの純良にして成るべく原料の色澤を其儘に存しその意匠の巧緻に過ぎざるを要すべし本邦未だ客用菓子と日用菓子の區別だも判明せざるが如き感あり是れ需要者の注意茲に至らざるが爲めか將た製造家その區

別に無頓着なるが爲か』（第九号）の記載から、客用と日用の菓子には意匠の差があってしかるべきであるが、混在していたことが読み取れる。また、菓子の容器にもその差の重要性が説かれていた。

『進物菓子の容器　現今進物菓子の容器を見るに粗末なる板箱にあらずんば紙函か竹籠の類に過ぎず若夫れ高價なる贈りものを爲さんとせば唯だ容器を大にして菓子の分量を増すの外他に適當の方法あるを見ず夫れ菓子の贈進は他の物品に比すれば其行爲頗る高尚にして彼我の情を誘致するに多大の利駅を益有し其間毫も邪念を挿まざるを覺ふ然ふ現今菓子贈進の状を見るに只た一時の感情を迎ふる軽微の具たるが如き風あり歐州に於ける菓子贈進の状を見るに纔に貳参拾銭の菓子に拾圓以上の容器を以てするもの少なからず是れらの容器は永く存して紀念となる可ければなり故に彼が菓子の容器には陶磁器あり七寶あり又金属あり其他美麗なる絹織物若くは皮革を以て外部を覆ひ意匠の精麗洵に愛すべきもの一ならずとす』（第九号）

『菓子談　黒川光正　菓子の折について　余が考ふる處に依れば、今の如く高價のものを作りて、木材を濫用するは國家經濟上不利尠からす、贈るものは之か爲に菓子の外に箱代を拂ひ、貰ひたるものは、最初は之を捨つるに忍ひず、仕舞置くも其蓄積するに及ひて之を火にもやさゞるもの稀なり、されは菓子屋に於て、少くとも青貝入の饅頭箱を備へ置き客の需に應して之に盛り先方に送り、十数日其菓子の盡くる期を計りて箱を受取に行く様にすれば、双方頗便利にして、菓子屋に於ても折角作りて賣りたる菓子を轉々贈遣せられて甘味に變化を來たして自から其名を傷へらるゝの憂なし、余は偏にこの説の用いられん事を希望す』（第二号）

宮本(33)が「京阪はもとは饅頭を竹皮にてつつみ、江戸は紙袋におさめ、音物（いんもつ）にても京阪は折詰は稀であったというが、江戸では折詰が多かった」と記しているように、京都と東京では菓子包みひとつにも差があり、需要層に対する生産者の住み分けができていた。明治期になってからは、西洋菓子の導入と機械生産の開発に先駆的であり、大衆向けの駄菓子が流行していた東京の風潮が菓子の用途の混在と混乱を招いているようであった。

『鹿児島のカステーラに東京風月堂流とあったは鳥渡愛嬌であった』（第七号）

『京のお菓子やさんに願います近頃は東京風が何迄も吹きまして、とをとを名代の京菓子までかそろ〳〵此の風を引き出しましたからんが……私はあんないやらしい味のは嫌いどす……』（第八号）のように、このような状況を憂う投稿が見られるところにも、上菓子（京菓子）の特異性への執着が見受けられる。

1―2のまとめとして

種々の議論を展開した上で、『はな橘』誌上では「菓子の意義」と「菓子の将来性」という菓子業界での共通認識として最重要視されるべき事項への言及におよんだ。

『一箇の菓子を品するも、諸君は直に産額の多少を問ひ、衛生の如何を云爲し、遂に人間の利害に就て打算せんとす、此に於てか訪問の禮に茶菓を廢せんとする風俗改良論者さへあるに至れり、爾く現金なる頭脳を有する乾燥無味の理性の人よ、試に問はん、人間は何の爲に詩を要求し、畫を要求し、彫刻を要求し、音楽を要求する、その美的快感の満足を需むるが通性たりとせば、その時間的たると空間的たると、将亦立躰的たると平面的たるとを問ふの要ありや、更に問はん、視覺と聽覺とより來る快感の満足を要求する人間は、味覺と嗅覺とに於て是を編制するの要ありや、吾れは諸君の答辨を聞くに先つて、聊かこの興味ある夕べを、平和にして圓満まる月に向て謝せん哉◎斯く観し來る時に於て、吾れは廣き意味に於ける趣味なるものを、人が世に處する唯一要件として菓子が有する唯一生命として、大に之を主張せんと欲す、同業幾萬の人士、識らず今夜の月に對して、吾れと感を同ふする識らず幾人ぞ、時に思はず窓外を見渡せば、何時の間にやら時雨れけん、松と云はず、楓と云はず團々たる葉毎の露に宿るは、手點萬點の月影』（第八号）

『吾が邦菓が将來の針路を示すには此を三段にして説かざるべからず、先づ國家經濟の上より説けば……逆輸出をなすに努力一番勤めざるべからざるなり……次には邦内の菓子業者が個々にて種々雑多の菓子を製する事を止め成る可く國處に依て製造の上よりするも價額の上よりするも比較上適應せる菓子を造り之を他地方に輸出して長短相交換し以つて内地の需用に充つる方針を採る事尤も必要なるべし……次には個人の製造品に就ても此亦前説の如く其家々特長の專賣品を造り之を互いに交換するが如き分業の美習慣を養成する事亦た必要なるべし……』（第九号）

『はな橘』は京都の菓子屋が主体となって発行した雑誌である。明治期以降の上菓子（京菓子）の斜陽を憂い、社会状況に沿うべく西洋菓子の要素の導入や機械生産技術の開発等、東京が先行していた新しい菓子文化への脱却を目指したのであるが、上菓子（京菓子）の伝統の継承を促そうとしていた一面もある。誌上で種々議論する中で、上菓子、駄菓子、西洋菓子の対立ではなく、すべてを総合した「菓子文化」の意義を問い、それぞれの菓子の特性を生かした共存関係を築くべき菓子文化の将来へも言及している。

『菓子の種類は多種多様なる可し　菓子改良説に二様あり一は在来の菓子をして益々純良ならしむれば足れりと他は日本菓子をして歐風に化せしむべしと二者その一に偏す可からず乃本邦菓子は益之を精良ならしむると共に復た大に歐風菓子の移植に勉むるを要す何となれば將來の日本國民はその嗜好決して單調にあらざればなり』（第九号）

高濱平兵衛『菓子考』（大正9年（1920））での宣言「今や日本の菓子は一大過渡期に際会して居る　我々は従来の日本菓子を以て偏小且貧弱なものとして直ちに之を

棄て去り、全然洋菓子に赴かねばならぬものであろうか、或は之を保持し愛護し益々発展させて行くべきものであろうか、或は全然之をも棄てず、又之に拠らず、洋菓子との調和を計って一新形式のものを興し、之を以て将来の日本菓子の中堅となすべきものであろうか」の先駆的な議論が「はな橘」誌上で行われていたことは大変意義深い。

高木(34)が明治以降の儀礼文化は「西洋一辺倒ではなく、儀礼における日本の旧慣の尊重であり、その上での和洋折衷であった」と分析したことが明治期の菓子文化の変遷にも見られるのは、菓子が日本文化の一端を占めていることを意味するのではないか。

2 菓子税と三河の菓子商

『はな橘』に記された近代日本の菓子業界の様相は、実は日本の菓子業界を大きく揺るがしたある大きな危機を乗り越えたのちのことである。この危機を乗り切ることができずにいたとすれば、現代日本に菓子文化は存在しなかったであろうとまで考えられるほどの危機であった。その危機とは「菓子税」の施行である。菓子税は約10年間の施行をもって全廃された短命の税制であった。短命で終わらせたからこそ、重税に菓子業界は持ちこたえたのである。その菓子税全廃に寄与した人物が、三河の菓子商、横田善十郎氏である。氏の尽力を日本の菓子史は無視できない。

話が前後するが、『はな橘』の前哨として、菓子税と三河のかかわりについて触れておく。

菓子税は明治18年（1885）7月から明治29年（1896）末までの間に賦課、徴収された。その背景には、軍部の拡張が急務となり、それを賄う新税創設が必要となったことがあったとされるが、政府はその理由について、国内の砂糖産業の保護ためと説明した。実際には国内産砂糖の保護には結びつかず、菓子税則法案の審議を行った元老院でも同様の指摘がされ、むしろ砂糖を多量に消費する菓子を一種の「奢侈品」と位置付け、課税の根拠の一つとした[35]。北海道、沖縄、伊豆七島、小笠原諸島を除く全国の菓子営業人が納税者とされた。菓子営業者とは、製造者、卸業者、小売業者を示した。その業務形態ごとに営業規模（雇用人の数）に応じて菓子営業税が賦課された。さらに半年間の売上高30円以上の製造者には売上高の5％も賦課された。当時の菓子業者は製造、卸、小売を兼ねていたものが大半でありその場合は納税額の多いほうの業態に対して課税された。

菓子税導入に際しては菓子業界が混乱し、施行前に大蔵省への質問状が殺到している。たとえば、明治18年（1885）5月に石川県より「菓子屋の範疇」について、神奈川県より「雇人の区別」について、6月に東京府より「菓子の範疇」について、栃木県より「菓子屋の範疇」についてなどである(36)。店舗を構えない露天商、振売りは菓子業者として納税義務があるのか、塩煎餅、食麺麹などや氷砂糖、砂糖漬けなどの売り上げは菓子として課税されるのか、菓子製造や販売に携わらない家事を担う使用人も営業規模の基準になる雇い人として算出すべきなのかといった内容であった。税制としては不備な点を多く含んだものであったことが伺える。

菓子税施行後には菓子商からその申告の煩雑さ、重税、他業者に比しての不公平を訴える声があがる。重税により三河地方で約300の菓子商が廃業したともいわれる(37)。

菓子商の混乱が当時の新聞記事に残る。（旧字体は新字体で表記した。）

菓子商人

今度菓子税則を布告せられしについて当市街の菓子商人の員数は明十八日までに調べあげ其筋より府庁へさし出すはずとなり居たるが菓子商人の第一多数なるは南区松屋町にて大抵雑菓子製造卸売をなし近国は勿論丹波丹後等より皆斯に来りて仕入れ道頓堀辺より心斎橋筋繁華の処までの製造卸売小売三種の菓子商人も太だ少なからずして其中に在来業名の菓子商人のみ八百戸もあり又老婆が縫物しながら一文菓子を売るの類即小売商人も亦誠に夥しく之に対する諸種の取調は随分行届きかぬる程煩わしとの事なり

（明治18年5月17日　朝日新聞　大阪　朝刊）

雑報　菓子営業者の意見

……政府が菓子税則を制定し之を実施したるは明治十八年七月一日に在り而して該税則たる某等が営業に対し雇人の員数に寄り営業税を課せらるるのみならず又其売上金高に応じ五分の製造税を賦課せらる某等謹んで我歳入税目を按ずるに菓子税の如く一種の営業にして二種の税金を課せらるゝもの（略）

酒若くは煙草は有害無益の物品にして社会の禁止廃棄せんと欲するものなれども政府は

之に課税するに当り其営業者を保護し恰も営業外のものをして之を製造せしめざらんとを欲するが如く自家の飲用の為に之を製する者にまで税金を課すると雖も某等の営業に係る社会有益の菓子其物に至ては此保護を与えず一般営業外の者及び料理店等をして無税にて自由に之を製するとを得せしむ営業税を賦課するに雇人の員数を以て目安とし真正の職工も丁稚小僧の類も差別することなく皆之を雇人と称し目安に加う故に一人の職工と三人の小僧を使用する者も三人の職工と一人の小僧を使用する者も共に同一の税額を課せらる之を憚れば等外も官吏なれば勅任も官吏となりと称して同一の税額を課するに異らず豈不公平ならずと云んや（略）

（明治22年11月14日　朝日新聞　東京　朝刊）

菓子税施行直後から各地の菓子商から菓子税の改正要求が出始め、近接地域単位の菓子商会議、全国菓子商営業者会議へと発展する。菓子商の結束した運動が明治29年（1896）末の菓子税全廃へと導いた。

三河およびその近接地域での菓子税改正から全廃運動の中心人物となったのが豊橋の菓子商、横田屋甘露軒の横田善十郎氏であった。明治20年（1887）に愛知県菓子商総代となり明治22年（1889）には全国菓子商営業者会議の菓子税全廃を望む陳情書の捧呈委員に選出され、大蔵大臣への陳情、誓願、元老院への建白といった重役を担っていった。当時の新聞記事にもその活躍が記載されている。（旧字体は新字体で表記した。下線は筆者による。）

菓子税に係る請願

菓子税を国税の種目中より引放（ひきはな）して地方税中へ組込む事及び同税検査方を成るべく寛（ゆる）やかにせられん事等を其筋へ哀願する為め同商委員の名古屋に集会を開きたる由（よし）は過般（かはん）の紙上に記したるが右請願一條に付愛知県の横田善十郎氏等は同業総代の資格を以て一昨日大蔵省に出頭し事情を陳する所あり今廿七日いよいよ右願書を提出する筈なりといふ

（明治22年9月27日　朝日新聞　東京　朝刊）

全国菓子商営業者会議

同営業者は昨九日も亦前日に引続いて木挽町商工会議堂に会議を開き前日決議に至らざりし納税の困難を免（まぬが）る、為め減税の儀を其筋へ請願するか又は菓子税則の全廃を請願若（も）

しくは建白すべしとの点に就き審議を遂げしが相変わらず区々の議論出て容易に議決に至らず依て午後一時頃一旦休憩し午後尚同案を議したるが兎に角納税の困難を免れんとの企望は全会一致とも云うべき有様にて結局菓子税則の全廃を望む陳情書を捧呈する事に決し右捧呈委員として横田善十郎、藤田武次郎、福田富次郎、八木榮蔵、大里俵次郎の五氏を選び其の起草は幹事横田、深田、田中、岡本の四氏へ委托したり

（明治22年11月10日　朝日新聞　東京　朝刊）

菓子商の建白

愛知県一市十九郡の菓子商総代横田善十郎氏は同県庁の添書を乞い菓子税則改正の件に付き第二の建白書を捧呈せん為一昨十一日上京したり

（明治23年5月13日　朝日新聞　東京　朝刊）

菓子税全廃建議

大坂市四区二郡菓子商総代斎藤彌七、金子宗兵衛、小柴吉兵衛、愛知県同商総代横田善十郎の諸氏は一昨日廿六日午後元老院へ出頭して菓子税則全廃の建議書を捧呈し且つ柳原議長に面謁を請いたるに事務多忙にて面謁出来難き由に付同日は退院して府下赤坂区の同

商総代飯村宇兵衛氏と共に同議長の私邸に赴きしも是又不在なりしを以て更に廿八日両院に出頭し事情を具陳する筈なりという

（明治23年5月28日　朝日新聞　東京　朝刊）

全国菓子商会議

全国菓子商委員会はかねて記せし通り一昨九日午後十一時より東京商工会議堂於て大協議会を開きたり其議案は第一條本会は重税を脱するをもって目的とす、第二條本会は重税を脱するの方法を議定して建白を為す、第三條本会議決の後総員挙げて大蔵省へ出頭し陳情書を捧呈す、第四條本会決議の後総員元老院議官及内閣諸大臣其他要路の官吏を訪問して意見を陳述す、第五條各員帰郷の後全国同業の代表者として各地方長官を訪問し大協議会の議決を申明陳述す、第六條全国同業者は福利を増進せんが為営業に関する事柄は総て相互に報道す、の六カ條にて同日午前は先づ正副議長を選出し且幹事四名を選て議事其他を整理せしむるの便を謀らんとて即ち正副議長以下の選挙を行いたるに議長には藤田武次郎氏、副議長には横田善十郎氏、幹事には荒澤熊蔵、宮田清吉、飯村卯平外一氏当選せり依て副議長横田善十郎氏議長席に着き本案議事に取掛る旨を告げ協議を開しが本案は脱税云々等不穏当の字句あれば其全体を修正せざるを得ず就ては調査委員七名を選び之が調査を遂げ更に修正の上協議に付することとなすべしとの説多数にて遂に全体を修正するに決し即ち七名の修正委員を副議長の指名にて選挙し池田撹平、西脇卯助外五氏に当選したれば右委員は直ちに修正に取掛り軈てその起草を終りて本案第一條の本会は重税を脱するを以て目的とすとあるを営業上の困難を脱するを目的とすと改め又第二條重税を脱するの方法云々とあるを営業上の困難を脱する今回の方法は現行菓子税則の廃止を建白するにありとすと改め又第三條本会議決の後総員挙げて云々とあるを総員を別つてと改め以下皆な原案の儘にて提出し再び協議を開きしが第一條本会は営業上の困難を脱するを以て目的とす第二條営業上の困難を脱する今回の方法は現行菓子税則の廃止を建白するにありとす、まで異議なく原案に決し午後七時暫らく休憩せり

（明治23年6月11日　朝日新聞　東京　朝刊）

菓子商総代の建白書捧呈

全国菓子商は同税則廃止建白をなす為過日府下に於て総会議を開きしが同総代赤坂区飯村卯兵衛神田区大和町六番地寄留愛知県横田善十郎外二三名は愈々一昨日十七日午後二時

元老院へ出頭し建白書を捧呈せり

（明治23年6月19日　朝日新聞　東京　朝刊）

菓子税則全廃請願

愛知県菓子税則全廃請願委員横田善十郎氏は昨日谷千城、島田三郎両氏の紹介により同請願書を貴衆両院へ提出せり

（明治24年11月28日　朝日新聞　東京　朝刊）

三河の菓子商からの横田善十郎氏への信望が以下の記事からも読み取れる。（旧字体は新字体で表記した。下線は筆者による。）

菓子商委員の出迎

全国菓子商の免税請願委員として東上したる斉藤彌七（大坂）中清次郎（京都）横田善十郎（愛知）の三氏は去る廿六日豊橋停車場に到着したる時同地の重立（おもだち）たる菓子商五十餘名に出迎はれて同處に祝宴を開き夫より濱松停車場に於ても亦同様數十名に出迎はれ祝宴

談話會等を開きたる由にて到る處に優待されたる由報知ありたり
（明治23年11月28日　日出新聞）

●菓子商委員の出迎　全國菓子商の免税請願委員として東上したる齋藤彌七（大坂）中淸次郎（京都）横田善十郎（愛知）の三氏は去る廿六日豐橋停車場に到着したる時同地の重立たる菓子商五十餘名に出迎はれて同處に饗宴を開き夫より濱松停車場に於ても亦同様數十名に出迎はれ祝宴談話會等を開きたる由にて到る處に優待されたる由報知ありたり

明治23年11月28日　日出新聞

菓子税全廃を記念し、菓子商の相互扶助を目的として設立されたのが愛国生命保険株式会社である。横田善十郎氏は初期代議員となるが、一連の運動への尽力に対しては過小の地位であったと評されている(38)。

3　菓子生産の近代化と三河の菓子商

近代以降の三河の菓子業の展開については、廣瀬芦笛『近世日本菓業史』（菓子公論社）に詳しい。工業技術の取り込みによる飴生産から乾燥ゼリーやキャラメルの量産への発展、その販路拡大と厳格な販売地分担による経営技術、量産した菓子の卸問屋制度の展開など、菓子業界にさまざまな産業の手法を取り込み近代化に成功した過程が記されている。

明治33年（1900）には田原の鈴木菊次郎氏によって晒飴の製造方法と製造機械が発明された(39)。

「原料供給機能は量産化の基盤を強化する」とされる(40)が、三河はその点で量産化に適した地であった。養鶏で産出される穀粕は飴の原料となり、穀粕の処分問題の解消と同時に飴生産が発展した(41)。、大垣藩が砂糖を扱っていた歴史(42)もあり、さらに、ゼリー生産に欠かせない寒天の産地（長野、岐阜）に近接している。

また、当時の世情として軍部への食料提供の経路を確立することは菓子商の経営上有益であった。三河の菓子商は陸軍へのパンの供給[43]、慰問菓子の納品を行っていた[44]。菓子税全廃に尽力した横田善十郎氏の横田屋甘露軒が陸軍御用商人であったことから、氏がこの経路確立にも何らかの影響力を及ぼしたことが推測される。

以上のような菓子製造の近代化につながる種々の要因を見逃さず、旧来の菓子業界の体制に執着しない意識転換をはかれたことは三河の菓子商の見事な姿勢である。

4　菓子博覧会における三河の菓子商

明治33年（1900）から明治36年（1903）に京都で発行されていた『はな橋』は、当時の菓子業界の動向を知り得る菓子業界誌である。発行は菓子税全廃後でもあり、全国の菓子商が後の生産販売体制の方針を定めていた時期といえる。『はな橋』は上菓子屋の流れをくむ京都の菓子屋の業界が主体となった業界誌であり、その体制とは違った方針で進む地域の菓子商に関しての記載は少ない。三河に関する記載は、品評会等の結果以外では第六号に『豊橋の豊おこし[45]は流石に高意匠である』との一文程度である。三河が京菓子系統とは異なる系統の菓子文化を形成しつつあることがうかがえる。

明治44年（1911）に開催された「帝国菓子飴大品評会」は、菓子税全廃を記念して始まった。「全国菓子飴大品評会」「全国菓子大博覧会」と名称変更しながら現在まで綿々と続いており、開催当時の菓子業界の最先端の商品、製菓技術が紹介される。通常は地域ブロックごとに1館（1ブース）が設けられるが、愛知県は1県で1館を占有し、三河を代表する菓子商が出品している。昭和29年（1954）の第13回では豊橋の杉本製菓の杉本定吉氏が審査員に着任しており、三河の菓子業者の地位の高さがうかがい知れる。

また、第13回全国菓子大博覧会と同年に「豊橋産業文化大博覧会」を開催し、そのなかで「菓子館」を設けている。これは菓子業が三河を代表する「産業」として確立したことを示す。

5　近代化を通して確立された菓子への意識

近代日本における菓子業界において、菓子文化史上その最高の地位を保ち続けた上菓子屋は、改めてその権威を強調することで、西洋化や量産量販体制を主とする近代化を目指すこととは別系統の菓子業として生き残りをはかった。

その上菓子屋の流れをくむ京菓子系統の菓子商とは一線を画する動きにより三河の菓子業は近代化した。とくに、菓子税全廃運動を主導することは宮中との関係を権威としてきた上菓子屋には困難なことであり、その道を選択した三河の菓子商の近代化へ意識改革の迅速さは、日本の菓子文化史において注目される点である。時勢を読み、商機をつかむ態勢は現代にも引き継がれ、コンビニ菓子といった量産量販菓子の業界を主導している(46)。

一方で、近代以降も茶道宗徧流や煎茶道が盛んな地域であり、茶文化を通した上菓子系統とのつながりを保持しつつ、発展的な独自の菓子文化を形成しているといえる。

ここでもうひとつ指摘しておきたいのは、三河の菓子商の意識（価値観）が九州の菓子文化における価値観と類似していることである。九州は大陸の菓子文化の影響をうけた独特の菓子文化を形成する地であるが、菓子商の意識は「それ自体の価値にさほど頓着しない」「文化や起源がこの地にあることを声高に主張しようとしない」という[47]。この意識が故に「多店一品」の生産販売体制、いわば多社による量販量産体制が確立し、全国に九州銘菓の名を広めている。

全国に知らしめられる三河銘菓は残念ながらいまだ見当たらないが、九州銘菓の広まり様の要因となった菓子商の意識と同様のものがその素地として三河にもある。三河銘菓の確立が期待される。

〔注〕

（1）池田文痴菴・日本洋菓子史編纂委員会監修　１９６０『日本洋菓子史』日本洋菓子協会

（2）本稿には、昭和54（１９７９）年京菓子協同組合発行の製本版（京都府立総合資料館（平成29年4月28日より「京都学・歴彩館」）蔵）を使用した。

（3）（4）赤井達郎　２００５『菓子の文化誌』河原書店

（5）色川大吉　１９７０『明治の話題』岩波書店

（6）（7）林淳一　1983「京菓子」『調理科学講演会記録』Vol.16NO.1日本調理科学会

（8）奥田修三・藤本利治・植村省三・乾昭三・中川淳・野崎治男　1959「京菓子業における家業」『立命館大学人文科学研究所紀要』第7号立命館大学人文科学研究所

（9）前出、奥田ら　1959

（10）三好右京　1930『菓子通』四六書院

（11）前出、奥田ら　1959

（12）『サライ』2007 Vol.19 No.9 小学館

（13）前出、赤井　2005

（14）仲田定之助　1969『明治商売往来』青蛙社

（15）前出、『サライ』2007

（16）前出、赤井　2005

（17）前出、三好　1930

（18）前出、色川　1907

（19）岩井忠熊編　1994『まちと暮らしの京都史』文理閣

（20）前出、岩井編　1994

（21）守安正　1965『お菓子の歴史』白水社

（22）前出、三好　1930

（23）黒崎千晴　１９８４「明治前期、最終需要からみた地域構造―菓子税負担率を指標として―」『歴史人類』第12号 p65―１０５　筑波大学歴史・人文学系
（24）河内一郎　２００６『漱石、ジャムを舐める』創元社
（25）前出、守安　１９６５
（26）前出、守安　１９６５
（27）初田亨　１９９５『百貨店の誕生』筑摩書房（ちくま学芸文庫）
（28）前出、岩井　１９９４
（29）高木博志　１９８９「日本の近代化と皇室儀礼―１８８０年代の「旧慣」保存―」『日本史研究』３２６号　日本史研究会
（30）前出、岩井　１９９４
（31）前出、中田　１９７４
（32）前出、高木　１９８９
（33）宮本又次　１９６６『関西と関東』青蛙社
（34）前出、高木　１９８９
（35）国税庁ネットワーク租税資料
（36）法規分類大全　第三十八巻租税門［8］
（37）明治以降愛知県史略年表（産業経済編）
（38）廣瀬芦笛　１９５８『近世日本菓業史』上の巻　菓子公論社

(39) 玉城肇　1955「三河地方における産業発達史概説」『愛知大学中部地方産業研究所』

(40) 宮川泰夫　1998「和菓子工業の存続機構」『比較社会文化』第5巻　九州大学大学院比較社会文化学府紀要

(41) 廣瀬芦笛　1958『近世日本菓業史』上の巻　菓子公論社

(42)「海路」編集委員会　2006『海路』第3号　p24　海鳥社

(43) 廣瀬芦笛　1958『近世日本菓業史』上の巻　菓子公論社

(44) 宮川泰夫　1998　和菓子工業の存続機構『比較社会文化』第5巻　九州大学大学院比較社会文化学府紀要

(45)「若松園」(愛知県豊橋市札木町)のホームページでは、「豊おこし」について「昭和三年天皇陛下御即位の折、献上菓として誕生」とあるが、『はな橘』は明治33(1900)〜36(1903)年の間に11号発行された菓子業界誌であることから、この菓子は明治期には豊橋にて製造販売されていたことになる。

(46) 詳細は本書第4章を参照されたい。

(47)「海路」編集委員会　2006『海路』第3号　p24　海鳥社

第4章　三河の菓子の多様性

三河の菓子文化は幅広い。歴史に裏うちされた正統派の菓子はもとより、時代の流れを敏感にとらえた新しい菓子創造と、その生産販売法を生み出し続けている。第3章でみたように、近代化の波にのって菓子の量産量販体制をいち早く確立した三河の菓子業界の柔軟で広い視野と鋭敏な行動力が、今にも生きていることの証であろう。

1　和洋折衷の菓子

三河では和菓子に洋菓子の要素を取り入れた菓子が多くみられる。日本の菓子文化史上、南蛮菓子の伝来によってそのような傾向が始まり、その伝来地であった九州地域においては、主として土産物の銘菓として定着した例(1)はあるが、普段づかいの生菓子(2)(＝おやつ)として町中の店先で売られるという光景は、三河ならではのものである。

その基盤となるは、菓子業者の柔軟な事業形態にある。もともとは和菓子屋、餅屋として営業していた菓子商の跡取りが、洋菓子の道に進み、修業を終えて職人として立つときに、生家の和菓子屋で洋菓子の腕を振るうこととなる、という展開である(3)。また、和菓子も洋菓子も、さらにパンまでが一同に並ぶ垣根の低い「お菓子屋さん」で、ごく自然に買い物をする三河の人たちの心の広さも感じられる。

2　生果物を包んだ和菓子

菓子の原点は甘いものを求める人類の欲求から生まれた「干果物」であることは、菓子文化史を語るに欠かせない常識である。果物は生の状態では酸味が刺し、水分も多いことから菓子に使用するにはその調整(＝干す、焼く)が必須であると疑われてこなかった。しかし、その常識を覆したのが三河の菓子職人である。

近年では日本中でみられる「いちご大福」は、豊川稲荷門前のとある和菓子屋が発祥という説がある。その真偽は確認できないが、確かに、三河ではいちごをはじめ、みかん、ぶどうを包んだ生菓子(4)が散見される。三河はいちご、みかん、ぶどう、かきなどの果物の一大産地(5)である。

地域の産物を菓子産業に活かすことは、近代以降にこの地でゼリーの製造が主力産業となっていった際の着眼力と同様である。西三河を中心とした地域の主力産業に穀物と養鶏があげられる。大正12年（1923）ころ、山崎延吉は「米と養鶏とを組み合わせてやる平行線農業、米と蚕を春から秋までやり、冬の仕事に鶏を肥育すれば三角形農業、さらに宅地や畑に野菜を作るようにすれば四角形農業、これ果樹を加えれば五角形農業、さらに加工が加われば六角形農業」と説いた(6)。この提言に基づいた産業構造の確立の副産物ともいうべきものが、穀類を原料とする甘味材料の水飴なのである。また、三河の北に位置する長野県伊那地域では寒天の生産が盛んである。水飴と寒天の安定供給が可能であるとの確信により、豊橋を中心に乾燥ゼリーが工業生産化された。このように、近隣を含む地域産業の要素を、他産業に取り込んで新しい産業、製品を生みだそうとする精神が、「生果物はお菓子には使えない」という常識を打ち破ったといえる。

3　ブランド菓子の製造

近年、大手の菓子メーカーや大手スーパーマーケット、コンビニエンスストアで販売される菓子に、ＯＥＭ（original equipment manufacturer）[7]によって生産販売されたものがみられる。その製造工場の多くが三河の菓子製造メーカーなのである。

全国の百貨店に出店し、一見すると海外の菓子かと見紛う洗練された洋菓子店も、その製品は尾張、三河で製造されていたり[8]、コンビニエンスストアやスーパーマーケットで気軽に購入できるおやつ菓子の製造工場[9]も三河なのである。三河を知らない人たちも、三河産の菓子を存分に味わっていることになる。

〔注〕

（1）鶏卵を使ったカステラや鶏卵素麺を嚆矢とし、近代以降では、バターや牛乳を使った「博多通りもん」、バームクーヘンで羊羹を巻いた「博多の女」、マシュマロに黄身餡が入った「鶴の子」、ラム酒漬けのレーズンを混ぜた白あんの饅頭「ざびえる」等多数。

（2）「ピオーネ」（ボンとらや・豊橋市）、「チョコマント」（丸八製菓・豊橋市）、「しあわせ大福」（三河屋製菓・豊川市）、「ゆめ大福」（近江屋本舗・岡崎市）など

（3）ボンとらや（豊橋市）、千賀製菓（豊橋市）等

（4）「しあわせ大福」（豊川市・三河屋製菓）、「まるごとみかん大福」（浜松市・三ケ日みかん製菓）、「玉妙滴」（豊橋市・童庵）等

（5）いちご…作付面積：全国6位・収穫量：全国6位・産出額：全国8位、ハウスみかん…結果樹面積87ha・収穫量4，470t ＊結果樹面積・収穫量：全国2位、ぶどう…収穫量4，360t・産出額32億円・結果樹面積466ha・結果樹面積全国7位・収穫量全国8位・産出額全国8位、かき…結果樹面積1，180ha・収穫量15，200t・産出額30億円・結果樹面積：全国5位・収穫量：5位・産出額：全国5位（出典：平成28年産野菜生産出荷統計、平成28年生産農業所得統計）

（6）環境省中部地方環境事務所 2011「第3章三河湾流域の概要」『平成22年度三河湾流域における生物多様性の持続可能な利用に係る伝統的知恵に関する調査報告書』p22

（7）製造を発注した相手先のブランドで販売される製品を製造すること。製造を請け負う企業を「OEMメーカー」という。OEMメーカーから製品の供給を受けた企業は、自社工場を持つリスクなどを回避して自社が展開するブランドによって製品を販売でき、製造の委託を受けたメーカーも、販売先が持つ製品や企業のブランド力を利用して販売量や製品力を向上できる。流通大手のスーパーなどの自社ブランド製品などが広く一般によく知られているが、

食品から電化製品、衣料など、その内容は多岐にわたっている。『ASCII.jpデジタル用語辞典』

（8）株式会社プレジィール（愛知県海部郡蟹江町）の「グラマシーニューヨーク」「ジョトォ」「キース・マンハッタン」など、株式会社だるま（刈谷市）の「サーティワンアイスクリーム」「サルヴァドーレ・クオモ」など

（9）株式会社香月コーポレーション（豊川市）、東豊製菓株式会社（豊橋市）、株式会社太田屋製菓（豊川市）など

第5章　三河の和菓子職人の「和菓子観」

和菓子は①果子（果実や木の実）、②餅や団子、③唐菓子、④点心、⑤南蛮菓子の影響を段階的に受けて17世紀後半に京都で大成したが、「和菓子」という語が定着し国語辞典などで一般に登場するのは第二次大戦後である。明治維新によって欧米の文化がもたらされ、和服―洋服、和食―洋食のように和と洋をもって在来のものと区別する習慣のひとつとして「和菓子―洋菓子」が生まれた(1)。日本の菓子は外来の菓子文化の影響を受けて進化し、よって日常生活に定着した古いものと外来文化の影響を受けた新しいものが常に混在していたのである。

そして、現在の日本の菓子は、和菓子・洋菓子という単純な分類では区別し難い、いわゆる「折衷菓子」の部類が存在する。第4章でみたように、現代の三河はその折衷菓子の宝庫である。しかしながら、前章までにみてきたように、和菓子文化形成に大きく貢献してきた歴史をも持つ地であるゆえに、和菓子職人にとってはゆるぎない「和菓子観」があるのではないか。2006年に行った調査結果から三河の和菓子職人独自の和菓子観がみえてきた。

1　調査方法

1－1　調査対象

東三河地域（豊橋市・豊川市・新城市・蒲郡市・田原市・北設楽郡・宝飯郡）の和菓子店75件を対象とした。回答数は24、有効票は16であった。有効回答者の属性は、表1に

表1．有効回答者の属性

項目	属性	人数	比率（%）
店舗所在地	豊橋市	8	50.0
	蒲郡市	5	31.3
	宝飯郡	1	6.3
	新城市	1	6.3
	田原市	1	6.3
経営形態	個人経営	12	75.0
	有限会社	4	25.0
茶席用菓子の受注	有	14	87.5
	無	2	12.5
年齢	30歳代	3	18.8
	40歳代	4	25.0
	50歳代	2	12.5
	60歳代	4	25.0
	70歳代	3	18.8
性別	男	14	87.5
	女	2	12.5
職名	経営者	12	75.0
	従業員	2	12.5
	無回答	2	12.5
居住地	豊橋市	8	50.0
	蒲郡市	5	31.3
	宝飯郡	1	6.3
	新城市	1	6.3
	田原市	1	6.3
修行の形態 ※複数回答あり	独学	2	12.5
	他店勤務	13	81.3
	専門学校	3	18.8
修行地 ※複数回答あり	愛知県内	9	56.3
	東京都	5	31.3
	京都府	1	6.3
	三重県	1	6.3
	静岡県	1	6.3
他店勤務経験	有	9	56.3
	無	5	31.3
茶道経験	有	9	56.3
	無	6	37.5
	無回答	1	6.3

示す。回答者の87・5%が30～70歳代の男性で、経営者が75・0%であった。愛知県外での修行経験者、茶道経験者が約半数あった。

1―2　調査方法および調査時期

調査票の配布と回収は郵送にて行った。調査票の配布は2006年4月に行い、2006年5月末に回収を終了した。

1―3　調査内容

アンケートの概要を表2に示した。

1―4　集計および分析方法

職人の文化的素養の差の影響の分析のため

表2．アンケートの概要

店舗の属性	店舗所在地、経営形態、創業年、茶会用菓子の受注など
回答者の属性	年齢、性別、居住地、職名、修行形態、修行地、他店勤務経験、茶道経験など
和菓子のイメージ	和菓子のイメージ、和菓子をイメージする色、第一に浮かぶ和菓子 和菓子の範疇に入ると思う菓子、和菓子の良さ・欠点など
京菓子の区別	和菓子の目的別分類、京菓子と思う菓子、京菓子と和菓子の違い、デザイン構想の参考対象など
東三河の菓子	東三河の銘菓

に、全体集計のほかに茶道経験者、京菓子と和菓子を区別して認識する者（以下、京菓子区別者）の結果集計も行った。

2　結果

2―1　和菓子のイメージプロファイル

和菓子のイメージプロファイルを図1に示した。29の形容詞対を用い、それぞれに対する和菓子のイメージを7段階で評価してもらった。

回答者全体の和菓子のイメージは「がさつな―優雅な」「みにくい―美しい」「まずい―おいしい」「親しみにくい―親しみやすい」「気に入らない―気に入る」「季節感がない―季節感がある」「貧しい―豊かな」「洗練されていない―洗練された」の形容詞対で高評価を得ており、反対に「くすんだ―鮮やかな」「地味な―派手な」が低い評価になっている。和菓子はおいしく、親しみやすく、季節感のある優雅で美しいものであるが、反面、地味でくすんだイメージももたれている。イメージが二極化して

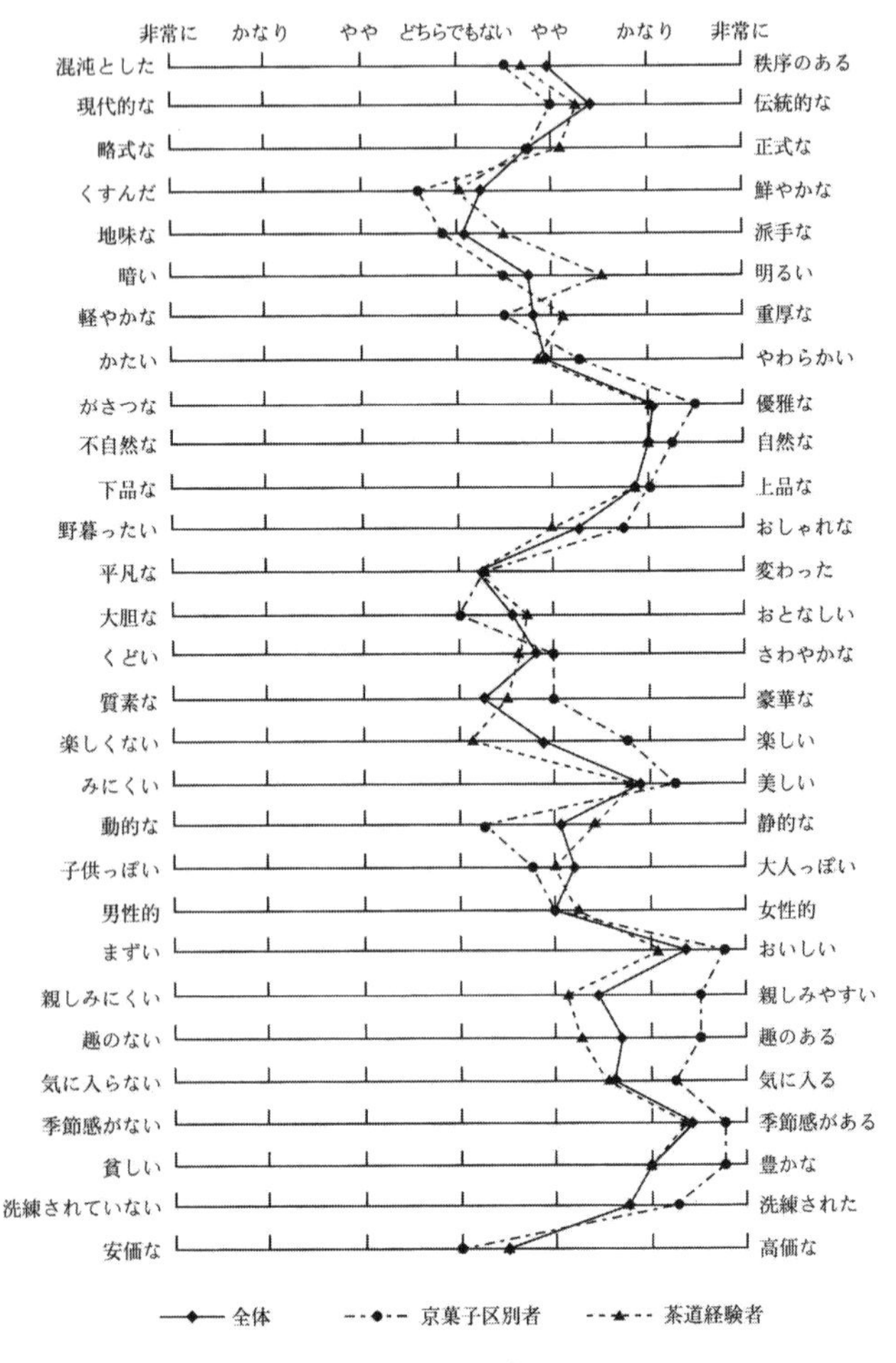

図１．和菓子のイメージプロフィール

いる典型的な地域性であることが示唆された。

茶道経験者と京菓子区別者に差が認められた項目は「地味な―派手な」「暗い―明るい」「大胆な―おとなしい」「質素な―豪華な」「楽しい―楽しくない」「動的な―静的な」「親しみにくい―親しみやすい」「季節感がある―季節感がない」「貧しい―豊かな」であった。

茶道経験者は和菓子を暗くて、おとなしく、質素で、静的、季節感のない、楽しくない、親しみにくいものとして捉え、京菓子区別者は和菓子を明るく、大胆、豪華で、動的な、季節感のある、楽しい、親しみやすいものとしてとらえていた。

茶道経験者は和菓子を保守的・古典的なイメージでとらえ、京菓子区別者は和菓子に創造的・発展的なイメージを持っているといえる。茶道は時節や客層に応じた形式を確立しており、その枠内で亭主の個性を出す様式美をもっている。そのことが保守性、古典的な印象を強めているといえよう。京菓子は茶道と関係深いものであるが、用途は茶道に限らない。季節感や職人の感性が反映される余地が大きいが、材料は単調であるため、それを補う要素として型や色彩の工夫が発展した菓子であるということが、京菓子の創造的、発展的なイメージにつながったと考えられる。

2―2　和菓子のカテゴリ

「和菓子の範疇に入ると思う」の回答結果を表3に示す。洋菓子の要素（卵やバターの使用、オーブンで焼くなど）を取り入れた菓子（カステラ、タルトなど）、食事や供え物としての用途もある物（赤飯、餅、粽など）も和菓子として認識されており、和菓子の範疇を広くとらえる傾向が窺えた。「和菓子の範疇に入ると思う」の回答数を「和菓子度」とし、和菓子の利用目的別に和菓子度を示した結果を図2、表4に示す。和菓子度の高いものは行事菓子、茶道菓子として利用される傾向にあり、和菓子度の低いものは甘味処の菓子、駄菓子として捉えられている。

和菓子度と利用目的の関係から菓子の類似性について検討した。和菓子の利用目的を日常（甘味処の菓子、駄菓子）と非日常（行事菓子、茶道菓子）とし、和菓子度との相関関係を図3に示す。和菓子は類似性から4つのグループに分けられた。第1グループは赤飯、ちまき、練切り、落雁などの年中行事や人生儀礼と関係深い「特別な和菓子」、第2グループは栗饅頭、酒饅頭、新粉餅、安倍川餅などの日常的な間食として食されて入手が容易な「日常の和菓子」、第3グループは錦玉糖、石衣、有平糖など容易に入手できるとはいえないが、行事や儀式に用いることも少な

表3．和菓子の範疇

	(人)		(人)		(人)
道明寺餅(桜餅、椿餅など)	16	赤飯	12	雛あられ	4
薯蕷饅頭	16	赤福餅	12	かりんとう	4
葛饅頭	16	軽羹（かるかん）	12	千歳飴	4
練羊羹	16	ゆべし	12	求肥飴	4
練り切り	16	カステラ	12	ボーロ	3
こなし	16	松風	12	衛星ボーロ	3
求肥	16	生八ツ橋（おたべ）	12	餡ドーナッツ	3
求肥餅（鶯餅など）	15	安倍川餅	11	南部煎餅	3
時雨	15	高麗餅	11	カルルス煎餅	3
浮島	15	塩釜	11	豆掛け物（砂糖掛け）	3
栗饅頭	15	くずきり	11	豆掛け物（醤油掛け）	3
水羊羹	15	姥が餅	9	五色豆	3
錦玉羹（琥珀羹）	15	月餅	9	真盛豆	3
鹿の子	15	錦玉糖（琥珀糖）	9	奉天	3
ちまき	14	おこし	9	晒し飴	3
おはぎ	14	ぜんざい	9	水飴	3
餅菓子(大福餅、草餅)	14	絞り焼カステラ(人形焼など)	8	寒天ゼリー	3
酒饅頭	14	州浜	8	草加煎餅（米菓煎餅）	2
蒸羊羹	14	石衣（松露）	8	草加煎餅(小麦粉煎餅)	2
葛餅	14	雲平	8	あられ（おかき）	2
きんつば	14	甘納豆	8	海老煎餅	2
どら焼（三笠山）	14	有平糖	8	揚煎餅	2
桃山	14	八ツ橋	7	揚あられ	2
最中	14	汁粉	7	冷やし飴	2
落雁	14	みつ豆・あんみつ	7	氷金時	2
餅	13	タルト（一六タルト）	6	氷宇治金時	2
新粉餅（しんこ・団子など）	13	揚げまんじゅう	6	あんまん	2
すあま	13	月餅	6	あんパン	2
外郎	13	砂糖漬（文担漬など）	6	ワッフル	2
落とし焼（茶通など）	13	そばぼうろ	5	バウムクーヘン	1
		金平糖	5	サブレ	1
		甘酒	5		

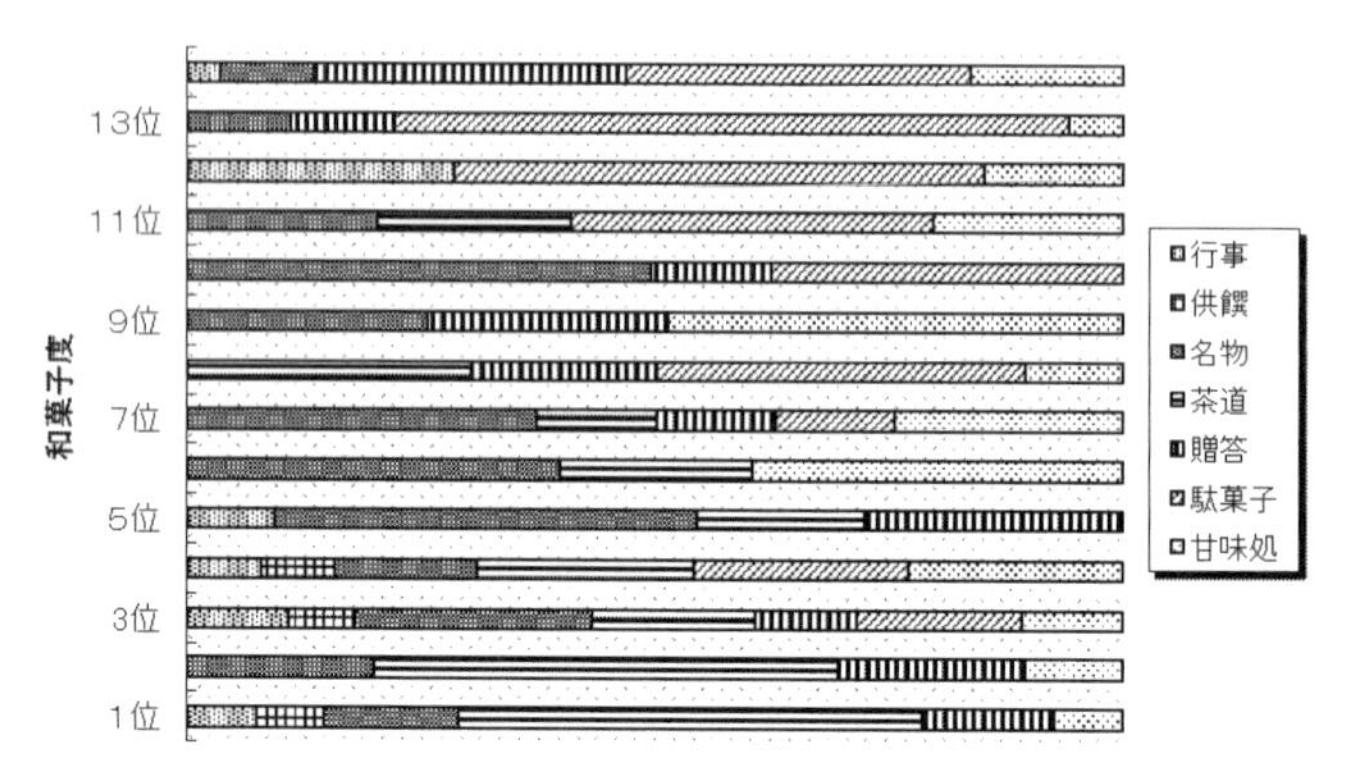

図2．和菓子度ごとの利用目的

表4．和菓子度ごとの利用目的（%）

利用目的 / 和菓子度	行事	供餅	名物	茶道	贈答	駄菓子	甘味処
1位	1.1	1.1	2.1	7.4	2.1	0	1.1
2位	0	0	2.1	5.2	2.1	0	1.1
3位	3.2	2.1	7.4	5.2	3.2	5.2	32
4位	1.1	1.1	2.1	3.2	0	3.2	3.2
5位	1.1	0	5.2	2.1	3.2	0	0
6位	0	0	2.1	1.1	0	0	2.1
7位	0	0	3.2	1.1	1.1	1.1	2.1
8位	0	0	0	3.2	2.1	4.2	1.1
9位	0	0	1.1	0	1.1	0	2.1
10位	0	0	4.2	0	1.1	3.2	0
11位	0	0	1.1	1.1	0	2.1	1.1
12位	2.1	0	0	0	0	4.2	1.1
13位	0	0	2.1	0	2.1	13.7	1.1
14位	1.1	0	3.2	0	10.5	11.6	5.2

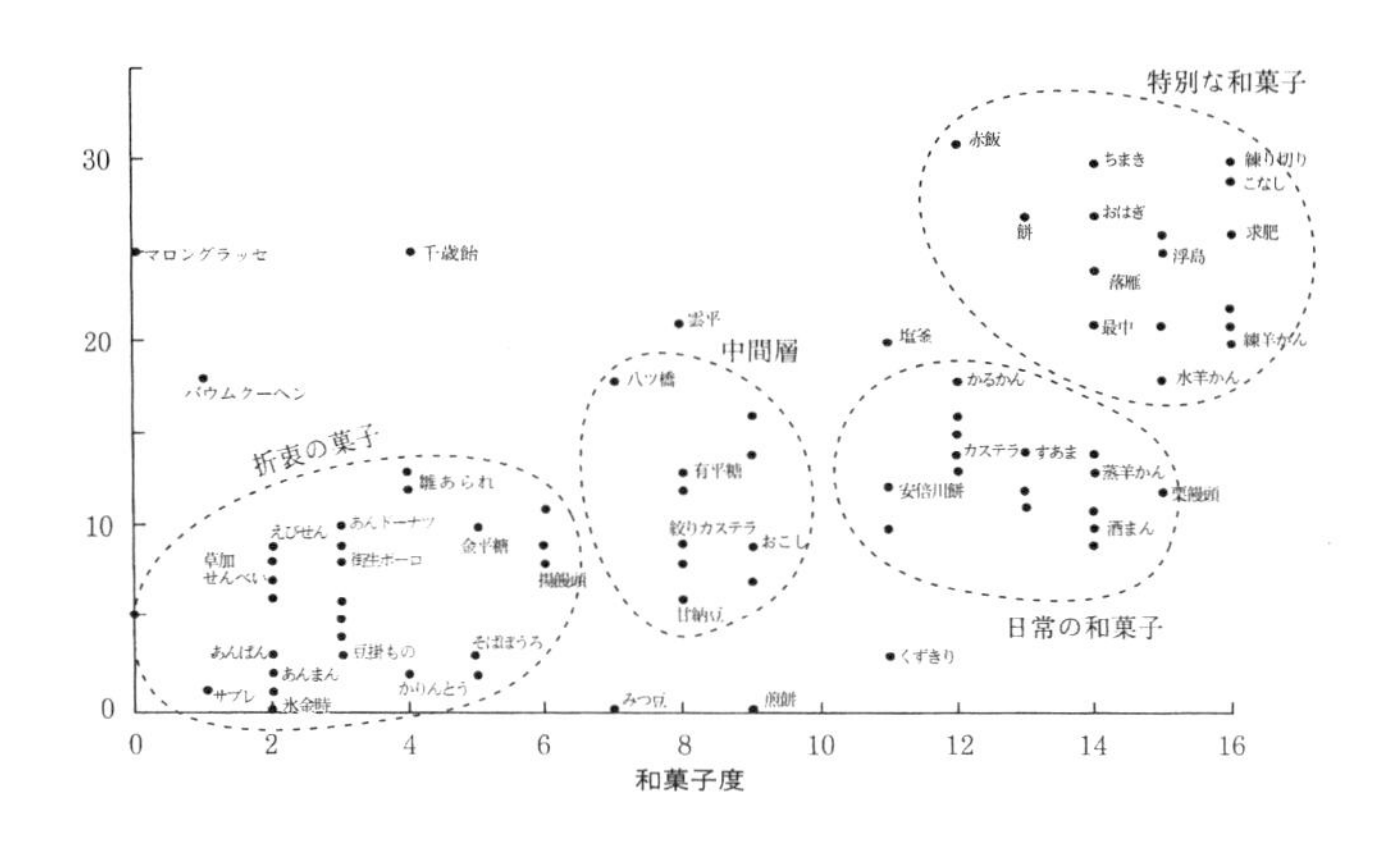

図３．和菓子度と非日常度

い日常と非日常の「中間的な和菓子」、第4グループは海老煎餅、草加煎餅、あられ、豆掛け物（しょうゆ掛け）などの甘くない和菓子と、あんぱん、サブレ、タルトなどの和洋折衷の和菓子が混在する「折衷の菓子」となった。菓子としての大きな要素である「甘味」については、甘味のない菓子類が第1グループと第4グループの双方に分類されたことから、甘味の有無は和菓子らしさへの影響は低いようである。和菓子らしさの認識は利用される場面の日常度が大きく影響していることが示唆された。

2―3　京菓子の認識度が和菓子観に与える影響

「2―1　イメージプロファイル」によって、和菓子の中でも「京菓子」を別の物として認識する者は他者とは異なるイメージを持つことが示唆された。和菓子と京菓子の差異を検討する。

京菓子として認識されたものは表5に示す菓子であった。上位2品（生八つ橋・八つ橋）は京土産であり、これは京菓子と京土産菓子の誤認である。上菓子のこなし、練り切り、有平糖が京菓子として認識されており、これらの菓子の特徴は色彩が鮮やかで、形のバリエーションが無限にあるなど、視覚に訴える要素が大きいことである。いわば和菓子職人の創造性にゆだねられた菓子である。京菓子区別者が、和菓子を大胆、豪華で、動的なものとしてとらえているのはこれらの菓子をイメージしてのことである。京菓子と和菓子のちがいとして「色彩」があげられ（表6）、また和菓子の色のイメージとして何様にも彩色できる「白」があげられていること（表7）、さらには菓子のデザインの参考にする事物として、詩歌、能、狂言、歌舞伎など無形のものをあげている点（表8）にも京菓子区別者の和菓子に対する創造的・発展的イメージが反映されている。

表7．和菓子のイメージ色

	（人）	（%）
＊白	5	31.3
＊小豆	4	25
＊桃・ピンク	2	12.5
挽茶・抹茶	2	12.5
紅	2	12.5
緑	1	6.3
茶	1	6.3

＊京菓子区別者の回答

表8．デザインの参考対象

複数回答

	（人）	（%）
植物	4	25.0
風景	4	25.0
自然現象	3	18.8
動物	2	12.5
＊衣裳（小袖）	1	6.3
地名	1	6.3
＊詩歌	2	12.5
＊故事	1	6.3
絵画	1	6.3
＊歌舞伎	1	6.3

＊京菓子区別者のみが挙げた項目

表5．京菓子と認識する菓子

複数回答

	（人）	（%）
生八ツ橋（おたべ）	10	62.5
八ツ橋	8	50.0
こなし	5	31.3
有平糖	5	31.3
練り切り	4	25.0
くずきり	4	25.0
薯蕷饅頭	3	18.8
浮島	3	18.8
鹿の子	3	18.8
雲平	3	18.8
落雁	3	18.8
五色豆	3	18.8

表6．和菓子と京菓子の差異

	（人）	（%）
素材	4	25.0
色彩	4	25.0
製法	3	18.8
形	2	12.5
味	1	6.3
食する場	1	6.3

2−4　職人の他地域での経験が和菓子観に与える影響

前項までに和菓子のイメージは職人の茶道経験や京菓子の認識度に左右されることが示唆された。職人の素養を培う要素として、他地域の文化と接触する機会の有無も考えられる。東三河以外での勤務経験のある者の和菓子観の特徴を検討する。

東三河以外での勤務経験のある者は9名であった。地域は東京都5名、名古屋市2名、京都市1名、三重県桑名市1名、静岡県浜松市1名、愛知県知立市1名、愛知県高浜市1名であった。（複数回答あり）他地域経験期間は1年以上6年未満3名、6年以上10年未満4名、10年以上15年未満2名であった。

他地域での勤務経験のある職人が在職する店舗では、茶席用の菓子の受注形態に特徴がみられた。茶席用の菓子は茶席ごとに創作するという店舗が8軒、そのうち、菓子の意匠は茶席を催す亭主と話し合って決めるという店舗が6軒あった。他地域での経験のない職人の店舗では、茶席用菓子の受注がないもしくは常時販売している菓子から選択してもらう形式をとっていた。茶席用の菓子は亭主と菓子職人が時々にふさわしい意匠を構想し、茶席に提供することが茶会の趣向のひとつであるとされる。

東京や名古屋、京都など茶道文化が盛んな地域での経験者はこのような趣向を東三河に持ち帰り実践しているといえるのではないか。また、これらの職人の店舗では主力商品を練切りなどの「生菓子」と回答し、商品に能楽の演目名や和歌からの引用で銘をつけるなどの風雅さが見受けられた。さらに「和菓子の範疇に入ると思う菓子は？」の質問に対し、揚げ菓子、豆菓子、煎餅類、タルトなどの南蛮菓子、ワッフルやバウムクーヘンなどの洋菓子に近いもの、ぜんざいなどの茶店の菓子を挙げない傾向にあった。2−2でみられたような日常的な菓子まで和菓子の範疇ととらえる全体の傾向とは異なる様相をみせた。

他地域とくに都市部での勤務経験のある者は、都市部で確立されている京菓子文化を基礎とする和菓子文化の要素を主軸に和菓子をとらえているといえるのではないか。ただ、これらの職人が必ずしも茶道経験者や京菓子区別者ではなく、他地域での勤務経験者の茶道と和菓子の関係の認識や京菓子の認識については今後さらなる分析の必要がある。

3　まとめ

以上のことから、東三河の和菓子職人には和菓子の範疇が広くとらえられており、菓子と和菓子が同義であるともいえる。先行研究(2)の指摘では、「東三河の文化には尾張の文化が影響しているが、尾張・名古屋は産業機構の特徴として量産量販体制の風土文化をもち、和菓子産業では大阪の販売ノウハウと京都の伝統技術をいかしてきたが、京都や東京のような公家文化、武家文化、寺社文化、豪商文化等との接遇地域としての環境はまだ整っていない」とされている。この指摘に従えば、他の菓子処のような京菓子文化を直接的な基礎とする和菓子観が根付いていない地域といえる。

しかしながら、三河は日本の文化が東西に行き来する日本の中間地点、交通の要所である。菓子文化の歴史上において、多くの菓子文化が三河の地を通った。菓子職人もまた、地の利を生かして、東西へその修行の場を求めて各地で修業を積み、その技量を三河に持ち帰っているのである。他地域での経験をいかした和菓子観をもって創作に取り組む職人もおり、また、東三河の銘菓として自社製品をあげる誇りの高さもうかがえたことから、他地域とは違った菓子文化の今後の展開が大いに期待できる地域である。

〔注〕

（1）青木直己　2000『和菓子の今昔』淡交社

（2）宮川泰夫　1998「和菓子工芸の存続機構―接遇の地域と地域の計画―」『比較社会文化』5 p75―101

おわりに

お菓子のない生活なんて…、私にはあり得ない。半世紀ちょっとの人生の記憶をたどると、そこには必ずお菓子の姿がある。お誕生日やクリスマスには生クリームやチョコレートたっぷりのケーキが登場した。お節句にはやわやわの餅菓子、遠足に持っていった色とりどりのドロップやラムネ菓子…、そんな特別な日を迎える何日も前から「今年はどんなんかな」とワクワクしたものだ。いやいや、特別な日ではなくてもお菓子はいつでも手の届くところに置かれていた。食卓や炬燵には「菓子かご」が常備され、おかきやビスケット、一口チョコレートなどが常時補給されながら欠かされることはなかった。お菓子を食べながらなら、なんでも話せたような気がする。「ありがとう」も「ごめんなさい」も素直に言えた。

お菓子が研究対象になるんだと、気づいた大学でのゼミ。配属された「食品物性学研究室」は、砂糖やバター、小麦粉、米粉などの混合物（＝お菓子）の物性を追求するところだった。いわゆる理系の実験に明け暮れる日々、実験結果を報告に行く教授室では、白衣姿の指導教授が墨書きの古文書を繰っている……？……。

「このお菓子、綺麗ですわなあ…」と菓子銘を次々と読み上げられる。「どんな菓子なんやろ…」と、彩色された江戸時代の菓子図絵を引っ張り出してこられる。いつもの厳しいお顔が緩み切っている。実は菓子屋文書に関する研究もなさっていることを知る。「こんなことやってみる気ぃありませんかな」夏を過ぎたころだろうか、菓子屋文書を研究してみないかとお声がけ下さった。修士課程では、謎の多い菓子の行事「嘉祥」に取り組んだ。のめり込んだ、お菓子の歴史と美しさに。

お菓子との縁深さに気づく。京都の菓祖神社の例大祭は私の誕生日！（近年は誕生日がポッキーの日となりました。）菓祖神社の大本山、豊岡市出石は母方との縁、生まれのご近所、神戸は日本の洋菓子文化の起点。そして、約20年前に饅頭の祖に縁深い塩瀬村の目前、豊橋への着任、菓子税からお菓子文化を救った人物を知る。お菓子研究の原点にたどり着いた感があった。三河の菓子文化を調べ、残していく使命を背負ったようなものだ！と息巻いた。長くかかったが、稚拙ながらも本稿をまとめることができた。お伝えしたかったのは、次のようなことなのです。

菓子文化史に三河は絶対にはずせない！　菓子の神様が居られ、菓子を文化として発展させ、菓子文化の危機を乗り越え、近代という時代の波に乗り、和洋の壁を乗り越えた新しい菓子を発想し……、三河はお菓子とともに発展してきた街なのです。

何よりも力をこめてお伝えしたいのは、こうした菓子文化を作りあげ、守って発展させてきた「人」が三河にいたこと、いること。菓子職人、菓子商の名が歴史上表立つことは稀です。どんなに美しい、おいしい菓子をつくっても、それは芸術品としての評価は受けない、職人は芸術家とはみなされない。ましてや、作品である菓子の命は短く、現物が後世に残るわけでもない。それでも、菓子職人、菓子商は黙々と菓子を創造し、文化を継承してきた。「菓子」に携わることを誇りとする気高い人々によって、菓子文化は作りあげられてきたのです。

嗜好品である菓子にこれほどの情熱を注ぎながら、声高に主張することもなく、心静かに菓子を作り続け、しかし危機には先頭きって立ち上がり、一方で他者との壁をつくらず新しい発想を惜しみなく表現していく、そんな菓子職人、菓子商のいる街、三河は素敵な街なのです。昔も今も、これからも、「お菓子の街・三河」であることを祈っています。

ここまでの研究と本書の執筆には、たくさんの方々にお力添えを頂きました。感謝の気持ちでいっぱいです。本当に有難うございました。そして、これからもよろしくお願い致します。

「笑顔でお菓子が食べられる」、そんな些細なことが普通にできる穏やかな日々を、世界中の人たちが過ごせますように。

修士課程をご指導下さって後、間もなくに天に召された師、同志社女子大学名誉教授・林淳一先生の御許に届きますように。

平成最後の春に
須川　妙子

※本書は、愛知大学出版助成を受けて刊行されました。

参考文献

はじめに

松崎寛雄　1982『饅頭博物誌（日本の食文化体系第十八巻）』東京書房社
林　淳一　1983「京菓子」『調理科学講演会記録』Vol.16 No.1 p2―9
宮川　泰　1998「和菓子工芸の存続機構―接遇の地域と地域の計画―」『比較社会文化』5 p75―101
江後迪子　2005「江戸時代の砂糖」『季刊糖業資報』2005年度第1号 p5―9
青木直己　2000『図説和菓子の今昔』淡交社
「海路」編集委員会　2006『海路』第3号　海鳥社
川島栄子　2006『まんじゅう屋繁盛記』岩波書店

第1章　菓子史の中の三河

廣瀬芦笛　1958『近世日本菓業史　上の巻』菓子公論社
松崎寛雄　1985『饅頭博物誌（日本の食文化体系18）』東京書房社
須川妙子　1993「宮廷における嘉祥の形式」『生活文化史』No.24　日本生活文化史学会

青木直己　１９９４「月見の儀について―近世公家社会における行事と菓子の受容に関する一事例」『和菓子』第1号　虎屋文庫
鈴木晋一　１９９４「嘉定と菓子」『和菓子』第1号　虎屋文庫
須川妙子　１９９４「江戸時代の嘉祥に用いられた菓子―菓子屋の文書からみた江戸時代末期の嘉祥―」『生活文化史』No.26　日本生活文化史学会
須川妙子　１９９５「江戸時代末期の嘉祥菓子の注文方法―菓子屋の文書からみた江戸時代末期の嘉祥―」『生活文化史』No.27　日本生活文化史学会
須川妙子　１９９５「江戸時代末期の嘉祥の規模」（前項「江戸時代末期の嘉祥菓子の江戸時代末期の嘉祥―」に含めて掲載）『生活文化史』No.27　日本生活文化史学会
亀井千歩子　１９９６『日本の菓子』東京書籍
宮川泰夫　１９９８「和菓子工業の存続機構」『比較社会文化』第5巻　p75‐101　九州大学大学院比較社会文化学府紀要
青木直己　２０００『図説　和菓子の今昔』淡交社
須川妙子　２００２「門跡寺院における江戸時代の嘉祥」『生活文化史』No.41　日本生活文化史学会
赤井達郎　２００５『菓子の文化史』河原書店
川島英子　２００６『まんじゅう屋繁盛記　塩瀬六五〇年』岩波書店

武井協三・青木直己・渡辺憲司　2008「鼎談　日記と食―大名の饗宴資料と下級武士の日記」『国文学解釈と鑑賞別冊　文学に描かれた日本の「食」のすがた』至文堂

第2章　風俗と菓子

竹内利美・原田伴彦・平山敏治郎編　1969『日本庶民生活史料集成　第9巻　風俗』三一書房
遠山佳治　1996「「いがまんじゅう」と「いが餅」について―三河における三月節供菓子を中心に―」『安城市歴史博物館研究紀要』No.3
豊橋市史編集委員会『豊橋市史』

賀茂祭

愛知県神社庁豊橋支部　1939『豊橋市神社誌』
岡田荘司　1968「中世の加茂別雷社領」『神道学』58号　神道学会
賀茂神社社務所　1972『賀茂神社略記』
東三河高校日本史研究会　1996『東三河の歴史』豊川堂
前田　豊　1996『古代神都　東三河』彩流社

所　功　1998『京都の三大祭』角川書店
喜多野宣子　2004「神饌の伝承と時代による変化について―賀茂別雷神社を例として―」日本家政学会第五十六回大会研究発表要旨

祇園祭

松崎寛雄　1982『饅頭博物誌（日本の食文化体系　第十八巻）』東京書房社
須川妙子　1993「宮廷における嘉祥の形式」『生活文化史』№24　日本生活文化史学会
須川妙子　1994「江戸時代の嘉祥に用いられた菓子―菓子屋の文書からみた江戸時代末期の嘉祥―」『生活文化史』№2　6日本生活文化史学会
青木直己　1994「月見の儀について―近世公家社会における行事と菓子の受容に関する一事例」『和菓子』第1号　虎屋文庫
鈴木晋一　1994「嘉定と菓子」『和菓子』第1号　虎屋文庫
須川妙子　1995「江戸時代末期の嘉祥菓子の注文方法―菓子屋の文書からみた江戸時代末期の嘉祥―」『生活文化史』№27　日本生活文化史学会
須川妙子　1995「江戸時代末期の嘉祥の規模」（前項「江戸時代末期の嘉祥菓子の江戸時代末期の嘉祥―」に含めて掲載）『生活文化史』№2　7日本生活文化史学会
亀井千歩子　1996『日本の菓子』東京書籍

東三河高校日本史研究会　1996『東三河の歴史』豊川堂
所　功　1998『京都の三大祭』角川書店
青木直己　2000『図説和菓子の今昔』淡交社
須川妙子　2002「門跡寺院における江戸時代の嘉祥」『生活文化史』No.41　日本生活文化史学会
伊藤信博　2003「御霊会に関する一考察：御霊信仰の関係において」『言語文化論集』Vol.24 No.2　名古屋大学
武井協三・青木直己・渡辺憲司　2008「鼎談　日記と食―大名の饗宴資料と下級武士の日記」『国文学　解釈と鑑賞　別冊　文学に描かれた日本の「食」のすがた』至文堂
赤井達郎　2005『菓子の文化史』河原書店
辻ミチ子　2005『京の和菓子』中央公論新社
川島栄子　2006『まんじゅう屋繁盛記』岩波書店

いがまんじゅう

鈴木宗康　1968『茶菓子の話（茶の湯ライブラリー5）』淡交社
遠山佳治　1996「「いがまんじゅう」と「いが餅」について―三河における三月節供菓子を中心に―」『安城市歴史博物館研究紀要』No.3

街道と菓子

林　淳一　1983「京菓子」『調理科学講演会記録』Vol.16　No.1　p2―9

遠山佳治　1996「「いがまんじゅう」と「いが餅」について―三河における三月節供菓子を中心に―」『安城市歴史博物館研究紀要』No.3

松山雅要　1994「豊川稲荷の成立と門前の発展」『三河地域研究』第11号　p81―102

遠山佳治・成田公子・熊崎稔子・小野真知子　1997「東海地域の伝統的な和菓子について―愛知県内における寺社参詣の土産用和菓子―」『名古屋女子大学紀要』第43号（家政・自然編）

荘田慶一　2005「豊川稲荷門前町の地道なまちづくり」『新都市』59巻9号　p97―104

遠山佳治　2005「全国の菓子文化―東海地方の菓子文化を中心に」『緑茶通信』15巻　p23―27

須川妙子　2009「豊橋祇園祭における「饅頭配」についての一考察」『愛知大学総合郷土研究所紀要』第54輯　p107―111　愛知大学総合郷土研究所

辻ミチ子　2005『京の和菓子』（中公新書1806）中央公論社

井上由理子　2010『和菓子の意匠　京だより』京都新聞出版センター

津田陽子　2010『ひとつつまんで京都のおやつ』マガジンハウス

第3章　菓子業の近代化

「朝日新聞」縮小版　明治18（1885）年〜明治24（1901）年　聞蔵Ⅱビジュアル
「日出新聞」マイクロフィルム版　明治18（1885）年〜明治24（1901）年　京都府立図書館所蔵
三好右京　1930『菓子通』四六書院
玉城　肇　1955「三河地方における産業発達史概説」『愛知大学中部地方産業研究所』
廣瀬芦笛　1958『近世日本菓業史　上の巻』菓子公論社
奥田修三・藤本利治・植村省三・乾昭三・中川淳・野崎治男　1959「京菓子業における家業」『立命館大学人文科学研究所紀要』第7号　立命館大学人文科学研究所
池田文痴菴・日本洋菓子史編纂委員会監修　1960『日本洋菓子史』日本洋菓子協会
守安　正　1965『お菓子の歴史』白水社
宮本又次　1966『関西と関東』青蛙社
仲田定之助　1969『明治商売往来』青蛙社
色川大吉　1970『明治の話題』岩波書店
林　淳一　1983「京菓子」『調理科学講演会記録』Vol.16 No.1　日本調理科学会
黒崎千晴　1984「明治前期、最終需要からみた地域構造—菓子税負担率を指標として—」

高木博志　『歴史人類』第12号　p65―105　筑波大学歴史・人文学系
高木博志　1989「日本の近代化と皇室儀礼―1880年代の「旧慣」保存―」『日本史研究』326号　日本史研究会
岩井忠熊編　1994『まちと暮らしの京都史』文理閣
初田　亨　1995『百貨店の誕生』筑摩書房（ちくま学芸文庫）
宮川泰夫　1998「和菓子工業の存続機構」『比較社会文化』第5巻　九州大学大学院比較社会文化学府紀要
赤井達郎　2005『菓子の文化誌』河原書店
河内一郎　2006『漱石、ジャムを舐める』創元社
「海路」編集委員会　2006『海路』第3号　海鳥社
『サライ』2007　Vol.19 №9　小学館
須川妙子　2008「「はな橘」にみる明治期の菓子業界」『愛知大学総合郷土研究所紀要』第53輯　P125―141　愛知大学総合郷土研究所
須川妙子　2009「『はな橘』にみる明治期の菓子業界―一九〇〇年巴里万国博覧会への出品から学んだこと―」『民俗と風俗』第19号　p20―35　日本風俗史学会中部支部
須川妙子　2010「『はな橘』にみる明治期の菓子業界―上菓子屋の権威―」『民俗と風俗』第20号　p79―91

第4章　三河の菓子の多様性

須川妙子　2007「イメージ調査からみた和菓子職人の「和菓子観」―東三河の例―」『愛知大学総合郷土研究所紀要』第52輯　p81―89
『朝日新聞』　2009年10月31日　「食べテツの女スペシャル」
「平成28年産野菜生産出荷統計」
「平成28年生産農業所得統計」
環境省中部地方環境事務所　2011「第3章　三河湾流域の概要」『平成22年度三河湾流域における生物多様性の持続可能な利用に係る伝統的知恵に関する調査報告書』

第5章　三河の和菓子職人の「和菓子観」

林　淳一　1981「菓子の分類について―菓子の嗜好調査による分類の試み―」『同志社女子大学学術研究年報』No.32 p58―75
林　淳一　1983「和菓子の研究をめぐって」『同志社家政』No.17　p1―9
林　淳一　1983「京菓子」『調理科学講演記録』16（1）　p4―9
大家千恵子・松本ヱミ子・小林茂雄　1985「和菓子と洋菓子の概念イメージ」『共立女子大

学家政学部紀要』No.31　p43―53
水島裕子　1983「食生活史と宗教（その八）―京菓子―」『金城学院大学論集』No.23　p97―107
芳賀　徹　2005「京ブランドと和菓子」『第二十回虎屋文庫講演会資料』
饗庭照美・永岡美沙・冨田圭子・南出隆久・大谷貴美子　2004「イメージ調査から見た現代の京料理」『日本調理科学会誌』No.37（2）p67―75
宮川泰夫　1998「和菓子工芸の存続機構―接遇の地域と地域の計画―」『比較社会文化』No.5　p75―101
青木直己　2000『和菓子の今昔』淡交社
『京菓子（淡交別冊No.25）』1998　淡交社

[著者略歴]
須川 妙子（すがわ　たえこ）
愛知大学短期大学部教授。
1966年兵庫県生まれ。1993年同志社女子大学大学院家政学研究科修士課程修了。専門分野：食文化・菓子文化、近代日本の女子教育
（経歴）追手門学院大手前中学高等学校、聖母学院中学高等学校、辻学園調理技術専門学校等の非常勤講師(家庭科、食文化論)を経て、2001年愛知大学短期大学部着任。

[著書]
『女子が教養を身につけるとき―江戸末期の西洋料理教室を例として』（2019年）
（共著）『20世紀前半の台湾―植民政策の動態と知識青年のまなざし―』（塩山正純編：執筆箇所「『東亜同文書院大旅行誌』の食の記述にみる近代日本青年のアジア観―台湾の例―」2019年）、『書院生、アジアを行く―東亜同文書院生が見た20世紀前半のアジア』（加納寛編：執筆箇所「『大旅行誌』の食記述にみる書院生の心情変化―「雲南ルート」選択の意義を探る―」2017年）
[主な論考]
「『菓子研究』にみる昭和初期の洋菓子業界―菓子品評会審査委員会への提言―」（2016年）、「明治期の料理の情報源としての新聞記事」（2013年）、「明治末期の京都における菓子利用の一様式」（2011年）等

三河の菓子文化

2020年3月10日　第1刷発行　（定価はカバーに表示してあります）

著　者　　須川 妙子

発行者　　山口　章

発行所　名古屋市中区大須 1-16-29
振替 00880-5-5616 電話 052-218-7808
http://www.fubaisha.com/
風媒社

＊印刷・製本／モリモト印刷　乱丁本・落丁本はお取り替えいたします。

ISBN978-4-8331-1556-8